Todo pa

Trabajos en madera

Todo para saber

Trabajos en madera

Todas las técnicas y la inspiración para
realizar trabajos de carpintería

Albert Jackson y David Day

EDITORIAL
ALBATROS

Título original: *Wood-working*
Primera edición 2005, por Collins, marca registrada de HaperCollins Publishers Limited.
Copyright © HarperCollinsPublishers
Creado por: Focus Publishing, Sevenoaks, Kent

Edición: Guy Croton
Diseño: Neil Adams
Diseño de tapa: Sarah Christie
Foto de tapa: Todd Pearson/Getty Images
Texto: Albert Jackson y David Day
Ilustradores: Robin Harris y David Day
Estudio de fotografía: Neil Waving y Ben Jennings
Diseñador/Creadores: Bill Brooker (ejemplos de juntas); Julian Rendall, pág. 1; Nick Neenan, pág. 6; David Pye, pág. 8; John Hunnex, pág. 23, arriba
Derek Pearce, pág. 24, arriba izquierda; Steward Linford, pág. 24, arriba derecha; Mike Scott, pág. 24, abajo izquierda; Raymond Winkler, pág, 166;
Derek St Romain, pág. 177; Richard Williams, pág. 178, abajo.
Para esta edición
Supervisión de edición: Cecilia Repetti
Traducción: Silvina Merlos
Corrección: Guadalupe Rodríguez
Coordinación gráfica y diagramación: Jorge Deverill

Los editores agradecen a las siguientes empresas y personas por proporcionar amablemente las fotografías: Buckinghamshire Chilterns University
College, págs. 1, 6, 166, 178, abajo; Council of Forest Industries Canada, West Byfleet, Surrey, pág. 26; Cuprinol Lt., págs. 3, derecha, 172; Gavin
Jordan, pág. 18; International Festival of the Sea (Peter Chesworth), pág. 23, abajo; Karl Danzer; Maldon, Essex, págs. 2, izquierda, 20; Langlows
Products Division-Palace Chemicals Ltd, Chesham, Bucks, pág. 181; Malaysian Timber Company, pág. 40; Robert Bosch Ltd, pág. 160; Ronseal Ltd,
pág. 178; Simo Hannelius, págs. 14, 68; Stewart Linford Furniture, High Wycombre, Nucks, pág. 177; Wagner Europe, pág. 2, derecha.

TRABAJOS EN MADERA
1ª edición - Reimpresión 3500 ejemplares
Impreso en Casano Gráfica S.A.
Ministro Brin 3932 - Remedios de Escalada - Buenos Aires
Impreso en la Argentina
17 de Marzo de 2008

Copyright © 2006 by EDITORIAL ALBATROS SACI
J. Salguero 2745 5º - 51 (1425)
Buenos Aires - República Argentina
E-mail: info@albatros.com.ar
www.albatros.com.ar

ISBN-13: 978-950-24-1163-7
ISBN-10: 950-24-1163-3

Jackson, Albert
    Trabajos en madera - 1a ed. - Buenos Aires : Albatros, 2006.
    192 p. : il. ; 15x21 cm. (Todo para saber)
    Traducido por: Silvina Merlos
    ISBN 950-24-1163-3
    1. Artesanías en Madera. I. Merlos, Silvina , trad. II. Título
    CDD 745.51

Contenido

Introducción 6

Tipos de maderas 14

Técnicas y herramientas 74

Realización de juntas 116

Acabados para madera 146

Glosario 184

Índice temático 189

Introducción

Desde hace siglos, los artesanos trabajan con madera, uno de los materiales de construcción más versátiles y ampliamente comercializados. Hoy en día, cualquier persona puede dedicarse a este gratificante pasatiempo, pero resulta esencial contar con una comprensión básica de ciertos principios y técnicas de carpintería para lograrlo.

▶ Introducción a la carpintería

La carpintería comprende la tornería, el tallado, la marquetería, la ebanistería y el ensamble, pero todo experto aprendió, en algún momento, los aspectos fundamentales de medición y trazado, montaje y acabado, es decir, las habilidades básicas de carpintería que se encuentran desarrolladas en este libro.

La carpintería es un pasatiempo que fascina y gratifica, pero sería falso afirmar que se trata de una tarea sencilla o sugerir que un libro lo convertirá en un artesano idóneo. El trazado de la madera para un proyecto requiere la capacidad para pensar en tres dimensiones y para imaginar cómo calzar un componente con otro. También se necesita conocer qué herramientas permiten obtener los mejores resultados y las propiedades de la madera utilizada. La experiencia práctica es, claramente, la forma más efectiva de aprender y el propósito de este libro consiste en ayudar, alentar y guiar al lector por el camino correcto, para que disponga de mayores posibilidades para adquirir hábitos adecuados, en lugar de inadecuados, y para proporcionarle una base sólida sobre la cual pueda trabajar.

▼ Estos recipientes cortados y tallados en cerezo, palo de rosa y nogal macizos están decorados con estrías definidas.

Creación de un taller

Es complicado trabajar sin un taller seguro y bien organizado. Se puede convertir una habitación en desuso en un pequeño taller, pero sólo si se planea utilizar una cantidad mínima de herramientas de mano. Si es posible, utilizar alguna construcción anexa como un garage. Al ser bastante espacioso, el acceso para la materia prima será sencillo, y es probable que la electricidad ya esté instalada.

▲ Incluso las herramientas de mano no eléctricas generan polvo cuando se trabaja con madera; por eso, es conveniente ubicar el taller donde el polvo, los gases y el ruido no generen una molestia.

DATOS ÚTILES

Higiene y seguridad en el taller

Se recomienda protegerse del polvo, de los gases y, cuando se utilizan herramientas eléctricas, de las partículas y el ruido que pueden resultar perjudiciales.

● **Gafas**. Están fabricadas con policarbonato plástico resistente de alto impacto y diseñadas con pantallas laterales para proteger los ojos del polvo y de las partículas de madera.

● **Antiparras**. Los lentes rígidos de las antiparras de seguridad están rodeados de un marco de plástico flexible que se ajusta y sella de acuerdo con la forma del rostro. Los costados están ventilados para evitar la condensación.

● **Máscara facial.** Una sencilla máscara facial evita la inhalación de polvo fino. Existen máscaras de papel y gasa, y algunas poseen filtros descartables.

● **Respirador.** Un respirador profesional de doble vía proporciona una protección total contra los efectos perjudiciales del polvo y los gases tóxicos.

● **Protectores auditivos.** Los auriculares y orejeras acolchonadas protegen la audición de la exposición excesiva al ruido. Los protectores deben utilizarse siempre cuando se emplean herramientas eléctricas ruidosas que podrían provocar daños a largo plazo.

▲ Gafas   ▲ Antiparras   ▲ Máscara facial   ▲ Respirador   ▲ Protectores auditivos

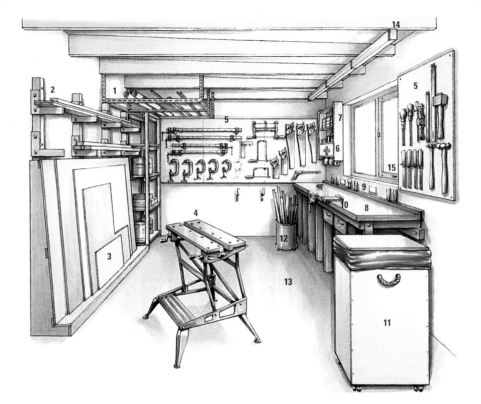

Cómo equipar un taller

El taller que se muestra en esta página está diseñado para un garage pequeño o un gran cobertizo. Si el ancho del espacio de trabajo no permite la colocación de un gran banco empotrado a un costado, tal como se muestra a la derecha del dibujo, se recomienda construir uno contra la pared menos extensa o utilizar un banco de carpintero que no necesite apoyo. Aunque no disponga de una amplia variedad de herramientas en ese momento, cree un amplio espacio de almacenamiento y planifique el lugar para las herramientas y equipos adicionales que pueda adquirir en un futuro.

▲ **Un taller bien equipado**

1. Almacenamiento a largo plazo. *Molduras de madera, etc., suspendidas sobre un rack metálico en ángulo.*
2. Almacenamiento de madera.
3. Almacenamiento de tablas sintéticas.
4. Banco plegable. *Un banco plegable, útil para sujetar y apoyar piezas de diversas formas y tamaños, puede utilizarse para trabajos tanto en el hogar como en el taller.*
5. *Rack* para herramientas.
6. Botiquín de primeros auxilios. *Coloque un equipo completo de primeros auxilios en un lugar visible y accesible.*
7. Elementos pequeños.
8. Banco de trabajo.
9. Tomacorrientes.
10. Almacenamiento del banco.
11. Recipiente para residuos.
12. Recipiente para recortes de madera.
13. Área de montaje.
14. Iluminación.
15. Seguridad. *Coloque trabas de seguridad en las puertas y ventanas para impedir el ingreso de ladrones y niños.*

Bancos de trabajo

Existe una gran cantidad de bancos de carpintería en diversas longitudes y anchos, pero con una altura estándar de 8,10 m; de todos modos se pueden realizar a medida. Poseen las características de mayor utilidad, incluso dos tornos de banco y algún tipo de espacio para almacenar las herramientas.

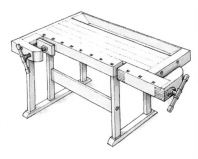

▲ Banco estilo escandinavo

Banco de carpintero

La mayoría de los bancos se construye por completo en madera maciza a pesar de que, en algunas ocasiones, se utilizan maderas blandas menos costosas para el marco inferior; que se realiza, por lo general, con dos marcos de extremo de encastre y espiga, unidos mediante travesaños extensibles fijados con pernos en forma segura a las patas, lo cual facilita el desplazamiento del banco.

Tapa de una mesa

La mayoría de las mesadas superiores se construye con madera maciza de veta cerrada, como haya o arce. Otras se construyen, en forma parcial, con madera terciada. Una construcción mixta resulta aceptable, siempre y cuando la tapa de la mesa sea lo suficientemente gruesa.

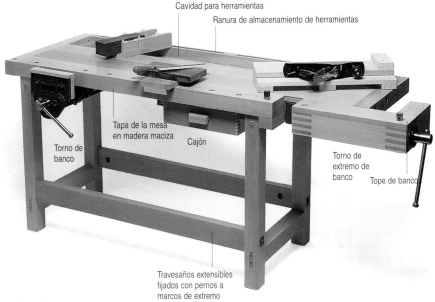

Cavidad para herramientas
Ranura de almacenamiento de herramientas

Tapa de la mesa en madera maciza

Cajón

Torno de banco

Torno de extremo de banco

Tope de banco

Travesaños extensibles fijados con pernos a marcos de extremo

▲ Banco de carpintero

Banco plegable

Si no cuenta con un taller o el espacio es limitado puede adquirir un banco portátil de los que se pliegan para guardar.

La tapa de la mesa de trabajo comprende dos tablas anchas que forman las mordazas del torno de banco, una de las cuales puede ajustarse al girar las manivelas en cada extremo. Las perforaciones en ambas mitades de la tapa de la mesa de trabajo contienen clavijas plásticas de ajuste que actúan como topes para sujetar piezas con formas extrañas sobre el banco.

▲ Banco plegable

Tornos de banco de carpintería

Los tornos de banco de estilo continental están construidos con gruesas mordazas de madera para sujetar el trabajo. Otro tipo de torno de banco presenta mordazas de hierro fundido revestidas en madera para proteger las piezas contra los golpes. Ambos diseños funcionan girando una barra automática sobre la mordaza frontal. Algunos tornos de banco de metal están equipados, además, con una palanca de desprendimiento rápido que suelta parte del mecanismo de tornillos, lo que permite abrir y cerrar la mordaza con rapidez al tirar o presionar directamente.

▲ Torno de banco estilo continental

Un torno de extremo de banco proporciona una fuerza de presión a lo largo del banco, para sujetar una pieza entre los topes de metal ubicados en perforaciones cortadas en el torno de banco y a intervalos regulares, a lo largo de uno o ambos extremos de la tapa de la mesa de trabajo.

Grapas

Una grapa es una abrazadera desmontable instalada en un banco que se utiliza para sujetar una pieza sobre la tapa de la mesa del banco. Tiene un mango de acero que calza en una perforación en la tapa de la mesa y que está revestido con una virola de metal; al girar un tornillo, se prensa un brazo pivotado hacia abajo, sobre el trabajo. Una segunda virola en la pata permite utilizar una grapa para apoyar el extremo de una tabla larga sujeto al torno de banco.

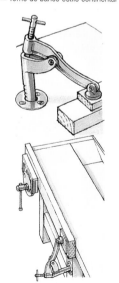

▲ Uso de una grapa

Almacenamiento en el taller

Años atrás, los carpinteros guardaban usualmente las herramientas en grandes baúles, pero resulta más conveniente utilizar *racks* para herramientas, que permiten ahorrar espacio, y estanterías abiertas que puede construir uno mismo.

Estanterías de pie

Una estantería de pie es la clase de espacio de mayor utilidad para el almacenamiento en general. Construya las paredes verticales de madera blanda cepillada de 5 x 5 cm, unidas por medio de travesaños de madera blanda de 5 x 2,5 cm, fijos con pernos a través de la parte delantera y trasera. Construya estantes de 1,8 cm de tabla sintética, de no más de 75 cm de ancho y 30 cm de profundidad. Atornille flejes rígidos de metal en diagonal a través de la parte trasera para sujetar el marco.

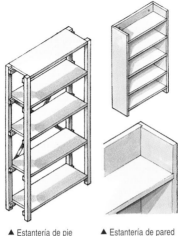

▲ Estantería de pie   ▲ Estantería de pared

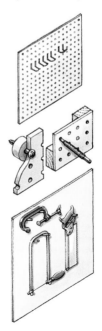
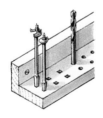

▲ Racks para herramientas con ganchos de alambre y clavijas.

▲ Accesorios para almacenar brocas para taladros y demás elementos pequeños.

¿Quiere saber más?

Pase al siguiente nivel...

Remítase a...
- **Cómo apoyar el trabajo** -página 88
- **Cómo protegerse del polvo** -página 161

Otras fuentes
- **Clases nocturnas**

Averigüe si se dictan clases de carpintería en las escuelas de educación para adultos de la zona.

- **Internet**

Visite algunas páginas web para obtener consejos respecto de productos, libros y videos para principiantes de carpintería.

- **Libros y revistas**

Hay en el mercado, libros y revistas interesantes que podrán asesorarlo.

Tipos de

maderas

Existe una gran cantidad de tipos diferentes de madera con numerosas propiedades y características individuales para diversos propósitos y métodos de carpintería. Básicamente, la madera se divide en dos categorías diferentes, madera blanda y madera maciza, y son examinadas en detalle en este capítulo.

Los orígenes de la madera

Los árboles no sólo contribuyen a controlar el clima sino que proporcionan, además, hábitats para una gran cantidad de plantas y seres vivos. Los productos derivados de los árboles varían desde alimentos naturales hasta extractos utilizados en la fabricación de productos, como caucho y artículos farmacéuticos. Cuando son talados y se convierten en madera, los árboles proporcionan un material infinitamente adaptable y universalmente útil.

▲ **Gimnospermas**: árboles con hojas como agujas.

▲ **Angiospermas**: árboles de hojas anchas.

¿En qué se caracteriza un árbol? Desde el punto de vista de la botánica, los árboles pertenecen a las espermatofitas, una división de las plantas con semillas que se subdivide en gimnospermas y angiospermas. Las primeras son coníferas con hojas con forma de aguja, conocidas como "maderas blandas", y las últimas son árboles con hojas anchas que pueden ser caducifolios o perennes y se conocen como "maderas macizas". Todos los árboles son perennes, lo que significa que su crecimiento continúa al menos durante tres años.

El tallo principal de un árbol típico se conoce como "tronco", y posee una copa de ramas con hojas. Un sistema de raíces sujeta al árbol al suelo y absorbe, además, agua y minerales para su desarrollo. La capa externa del tronco actúa como un conducto que transporta la savia desde la raíz hasta las hojas.

Los nutrientes y la fotosíntesis

Los árboles absorben dióxido de carbono del aire a través de los poros de las hojas llamados "estomas", y la evaporación de las hojas conduce la salvia a través de células diminutas (ver la parte posterior de una hoja). Cuando la clorofila presente en las hojas absorbe la energía solar, se fabrican los compuestos orgánicos a partir de dióxido de carbono y agua. Esta reacción, denominada "fotosíntesis", produce los nutrientes necesarios para que el árbol viva y, al mismo tiempo, despida oxígeno a la atmósfera. El nutriente producido por las hojas se dispersa hacia abajo, por el árbol, hasta las partes en crecimiento, y también es almacenado por células particulares.

Dióxido de carbono
Las hojas absorben dióxido
de carbono del aire.

Oxígeno
Los árboles despiden
oxígeno al aire.

Ramas con hojas
Las hojas producen nutrientes que
alimentan al árbol mediante la
fotosíntesis.

Tronco
El tronco sostiene las ramas con hojas y
es la fuente principal de madera útil.

Sistema radicular
Las raíces sostienen el árbol y absorben
humedad y minerales del suelo.

A pesar de que, con frecuencia, se cree que la madera "respira" y necesita nutrirse para su conservación, una vez talado, el árbol muere. Toda expansión o contracción posterior es resultado de una reacción de la madera frente al medio ambiente que absorbe y exuda humedad en forma similar a una esponja. Los acabados para madera, como ceras y aceites, mejoran y protegen la superficie de la madera y, en cierta forma, ayudan a estabilizar el movimiento, pero no la "nutren".

Estructura celular

Una masa de células tubulares de celulosa se une con lignina, un químico orgánico, para formar la estructura de la madera. Estas células proporcionan el sostén del árbol, la circulación de la savia y el almacenamiento de nutrientes. El tamaño, la forma y la distribución de las mismas varía, pero son, por lo general, alargadas y delgadas, y se ubican en forma longitudinal al eje principal del tronco o a las ramas del árbol. La orientación produce características relacionadas con el sentido de la veta, y el tamaño y la distribución variables de las células entre las diversas especies produce el tipo de textura de la madera, desde fina hasta gruesa.

Identificación de la madera

Examinar las células permite identificar la madera cortada, como madera blanda o maciza. La estructura celular sencilla de las maderas blandas está compuesta, principalmente, por células traqueidas que proporcionan la conducción inicial de la savia y el sostén físico. Forman hileras radiales regulares y conforman la estructura principal del árbol.

Las maderas macizas poseen una menor cantidad de traqueidas que las maderas blandas; en cambio, presentan vasos o poros, que conducen la savia, y fibras, que proporcionan el sostén.

▲ Bosque de coníferas añosas

DATOS ÚTILES

Madera nueva
Las células nuevas de la madera en crecimiento se desarrollan ya sea como células vivas que almacenan nutrientes para el árbol o como células inertes que conducen savia en dirección ascendente y proporcionan su sostén.

Crecimiento de los árboles

Una capa delgada de células vivas entre la corteza y la madera, denominada cámbium, se subdivide cada año para formar nueva madera del lado interno y floema del lado externo. A medida que aumenta la circunferencia interna del árbol, la antigua corteza se desprende y el floema forma una nueva corteza. Las células del cámbium son débiles y tienen paredes delgadas; en la estación de crecimiento, la corteza puede quitarse con facilidad.

▼ Corte transversal del tronco de un roble albar.

Corteza
Capa de protección externa de células muertas. El término "corteza" puede incluir, además, el tejido interno vivo.

Floema
Tejido interno de la corteza que conduce los nutrientes sintetizados.

Capa de cámbium
Capa delgada de tejido de células vivas que forma la madera nueva y la corteza.

▲ Roble albar. *Quercus petraea*

Albura
Madera nueva cuyas células conducen o almacenan nutrientes.

Anillo de crecimiento anual
Capa de madera formada durante un período de crecimiento, compuesta por grandes células de madera temprana y pequeñas células de madera tardía.

Células radiales
Láminas de células radiales que conducen los nutrientes en forma horizontal; también denominadas "radios medulares".

Duramen
Madera madura que forma la columna vertebral del árbol.

Médula
Núcleo central del árbol. Puede ser débil y, con frecuencia, sufre ataques fúngicos y de insectos.

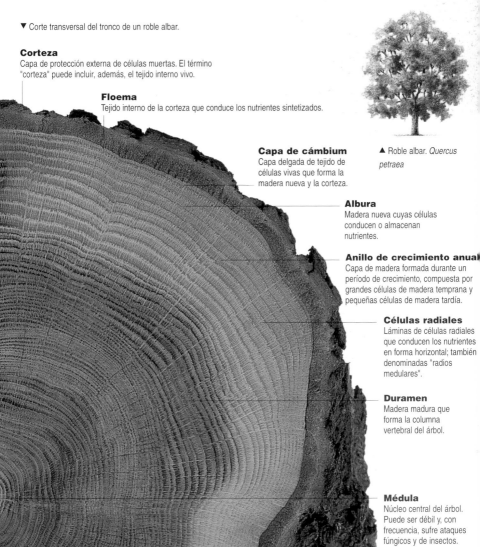

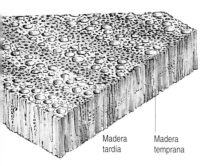

Madera tardía   Madera temprana

▲ Madera temprana y madera tardía

DATOS ÚTILES

Madera temprana y madera tardía

La madera temprana es la parte rápida del anillo de crecimiento anual que se desarrolla en primavera. La madera tardía crece más lentamente durante el verano, con células más gruesas.

▲ Bosque joven de madera maciza

Cada año, se forma un nuevo anillo de albura en la parte externa del crecimiento del año anterior. Al mismo tiempo, la albura más antigua y más próxima al centro ya no se utiliza para conducir agua; se convierte químicamente en el duramen que forma la columna estructural del árbol. El área de duramen aumenta en forma anual mientras que la albura conserva aproximadamente el mismo grosor mientras vive el árbol.

Células radiales

Las células radiales o medulares nacen en el centro del árbol. Transportan y almacenan nutrientes en forma horizontal a través de la albura al igual que las células que siguen el eje del tronco.

Albura

Por lo general, la albura puede reconocerse por su color claro que contrasta con el color más oscuro del duramen. No obstante, esta diferencia puede distinguirse en menor grado en las maderas más claras, en particular, las maderas blandas.

Duramen

Las células muertas de la albura que forman el duramen no desempeñan ningún otro rol en el crecimiento del árbol y pueden bloquearse con material orgánico. Las maderas macizas con células bloqueadas, por ejemplo, el roble blanco, son impermeables y más adecuadas para tareas tales como la construcción de barriles o toneles que otras maderas, como el roble rojo, que tienen células abiertas de duramen y resultan, así, relativamente porosas.

Anillos anuales

El conjunto de bandas creado por la madera temprana y la madera tardía corresponde al crecimiento de estación y permite determinar la edad de un árbol talado y las condiciones climáticas en las que se desarrolló. Por lo general, los anillos anuales anchos indican condiciones de crecimiento adecuadas y los angostos, condiciones pobres o de sequía, pero el estudio de los anillos anuales puede determinar en detalle la historia del crecimiento del árbol.

Propiedades de la madera

En una gran cantidad de proyectos de carpintería, la textura y el color del diseño de la veta son los dos factores más importantes al elegir las maderas. A pesar de que poseen la misma importancia, las características de trabajo y resistencia son, con frecuencia, consideraciones secundarias y, cuando se utilizan laminados, la apariencia lo es todo.

La veta

La masa de estructura celular de la madera constituye la veta, que sigue al eje principal del tronco del árbol. La disposición y el grado de orientación de las células longitudinales crean diversos tipos de vetas.

Las vetas irregulares y onduladas forman una variedad de diseños en la madera de acuerdo con el ángulo de la superficie y la manera en que la luz refleja la estructura celular. Las tablas con estos tipos de configuraciones son particularmente adecuadas para los enchapados.

El dibujo

El término "veta" también se utiliza para describir el aspecto de la madera; no obstante, en realidad, hace referencia a una combinación de características naturales conocidas en conjunto como "dibujo". Estas características incluyen la diferencia de crecimiento entre la madera temprana y la madera tardía, la forma en que se distribuye el color, la densidad, la disposición concéntrica o excéntrica de los anillos de crecimiento anual, el efecto de las enfermedades o los daños, y la forma en que se convierte la madera.

Uso del dibujo

Cuando los troncos de los árboles se cortan en forma tangente, las placas serradas tangencialmente presentan un diseño con forma de U. Cuando el tronco es cortado en forma radial o en cuartos, la serie de líneas paralelas produce, por lo general, un diseño menos característico.

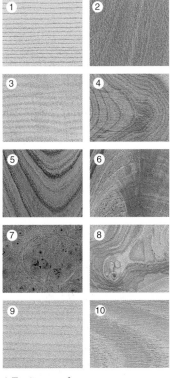

▲ **Texturas y formas**
1 Veta recta (Picea de Sitka).
2 Veta ondulada (sicómoro veteado).
3 Diseño con forma de U (ébano).
4 Madera con rebabas (olmo).
5 Madera con textura fina (tilo).
6 Veta en espiral (leño de raso).
7 Veta irregular (abedul amarillo).
8 Veta rizada (nogal).
9 Madera teosa (fresno).
10 Madera con textura gruesa (castaño común).

21

TRABAJAR LA MADERA

El cepillado "en el sentido de la veta" sigue la dirección de la veta donde las fibras son paralelas o ascienden y se alejan del sentido de la acción de corte, lo que provoca cortes suaves y sin inconvenientes. El cepillado de una superficie "en el sentido contrario a la veta" se refiere a los cortes efectuados donde las fibras ascienden y se acercan al sentido de la acción de cepillado; esto produce un corte áspero.

▲ Cepillado en el sentido de la veta

▲ Cepillado en el sentido contrario a la veta

La textura

La textura se refiere al tamaño relativo de las células de la madera. Las maderas con textura fina tienen células poco espaciadas, mientras que las maderas con textura gruesa presentan células relativamente más grandes. La diferencia de textura entre la madera temprana y la madera tardía resulta importante para el carpintero, ya que la madera temprana de menor peso es más fácil de cortar que la madera tardía más densa. Por lo general, las maderas con anillos de crecimiento de textura pareja son las más sencillas para trabajar y aplicar el acabado.

La distribución de las células de la madera maciza puede poseer un efecto marcado sobre la textura de la madera. Las maderas "con anillos porosos", como roble o fresno, tienen anillos de vasos grandes y claramente definidos en la madera temprana y tejido celular y fibras densos en la madera tardía; esto hace que resulte más complicado aplicar el acabado que en las maderas "con poros difusos", como haya.

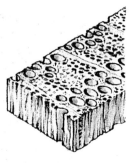

▲ Madera con anillos porosos

Durabilidad

La durabilidad se refiere al rendimiento de una madera cuando está en contacto con el suelo. La madera perecedera cuenta con una durabilidad de menos de cinco años y la muy duradera, más de veinticinco años. La durabilidad de una especie puede variar de acuerdo con el nivel de exposición al aire y las condiciones climáticas.

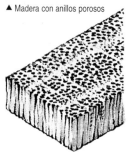

▲ Madera con poros difusos

La versatilidad de la madera

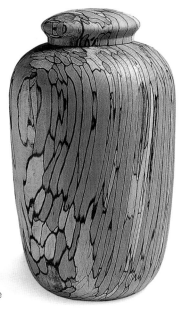

Los usos de la madera parecen interminables. Se volvió tan común en nuestra vida diaria que, con frecuencia, se la da por sentado y prácticamente no se la reconoce por su valor.

Con el desarrollo de las herramientas de corte, el hombre ha sido capaz durante siglos de adaptar la madera para cambiar y mejorar el entorno. Incluso, con el desarrollo de los materiales sintéticos y el progreso de la producción autómata y mecanizada de la madera, las materias primas aún son procesadas mediante métodos tradicionales para cumplir con una demanda interminable de productos fabricados con este tan deseado material natural.

▲ **Recipiente con tapa**
La madera moteada, a causa de un ataque fúngico, es muy apreciada por los torneros, como consecuencia de sus diseños decorativos. Aquí, las líneas negras y la coloración veteada producen un diseño aleatorio único explotado por el tornero.

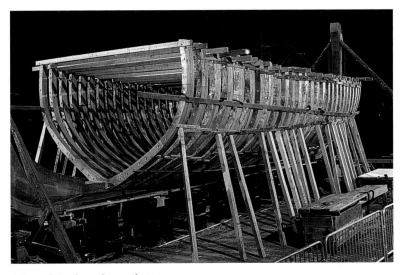

▲ **Esqueleto de embarcaciones**
El roble ha sido utilizado durante mucho tiempo en la construcción tradicional y en la construcción de embarcaciones. Aquí, los maderos de roble curvado están unidos a una quilla para construir una réplica del barco de Juan Gaboto; el original cruzó el Atlántico en 1497.

▲ **"Mesa foca"**

El color y textura naturales de un trozo de madera de sicómoro europeo "encontrado de casualidad" se transforman creativamente en esta hermosa foca tallada. La madera forma, además, la base para una mesa de vidrio transparente que representa la superficie del agua.

▲ **Silla estilo Windsor**

Las sillas estilo Windsor, fabricadas típicamente con varillas torneadas, arcos curvados al vapor y sólidos asientos con forma, son un ejemplo clásico del arte de la fabricación de sillas. Se fabrican en diferentes estilos regionales, utilizando maderas nativas —como fresno, olmo, tejo, roble, haya, abedul, arce o álamo— y pueden encontrarse, en sus versiones originales o reproducidas, en diversos hogares alrededor del mundo.

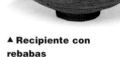

▲ **Recipiente con rebabas**

La madera maciza con rebabas es un material preferido por los torneros. En este asombroso ejemplo las formas y texturas naturales de las rebabas del olmo están acentuadas al someter la pieza a la acción de un soplete durante el torneado; las ranuras torneadas y la superficie interna lisa aportan un contraste de texturas.

▲ **Caja ovalada**

El sencillo diseño y la delicada artesanía de Shaker, la antigua secta religiosa de EE. UU., pueden apreciarse claramente en esta caja ovalada tradicional, hecha a mano. La madera de cerezo cortada en forma delgada se curva al vapor alrededor de una matriz antes de asegurar los "dedos" salientes con remaches de cobre; luego se clavan óvalos de madera maciza en la tapa y el cuerpo de la caja.

El color de la madera

La esencia de la madera consiste en ser tan variada en sus colores como en sus dibujos y texturas. Incluso cuando está preparada, la madera continuará respondiendo a su entorno, cambiando el color o la "pátina" con los años.

Cambio de color

Los cambios más sensibles de color ocurren cuando se aplica un acabado. Las maderas blandas y las maderas macizas ilustradas aquí son muestras en tamaño natural que permiten apreciar la madera antes y después de la aplicación de un acabado de superficie transparente.

Abeto plateado

Pino de Kauri

Pino Paraná

Cedro del Líbano

Ciprés de Nootka

Rimu

Alerce europeo

Abeto rojo

Cerezo

Padouk

Roble blanco americano

Roble japonés

Roble rojo americano

Lauán rojo

Caoba

Teca

▶ Elección de la madera

La elección de una madera adecuada para un proyecto se basa, por lo general, en el aspecto del material y en sus propiedades físicas y de trabajo.

DATOS ÚTILES

Medición en pulgadas y en centímetros
La industria maderera es una actividad internacional que utiliza tanto el sistema métrico decimal como el inglés.

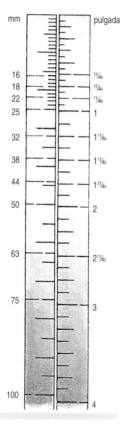

mm		pulgada
16		$5\frac{1}{48}$
18		$3\frac{1}{44}$
22		$7\frac{1}{48}$
25		1
32		$1^{1}\frac{1}{44}$
38		$1^{1}\frac{1}{42}$
44		$1^{3}\frac{1}{44}$
50		2
63		$2^{1}\frac{1}{42}$
75		3
100		4

Compra de madera

Por lo general, los proveedores de madera disponen de maderas blandas utilizadas más comúnmente para carpintería y ensambles como abeto y pino. Se venden como madera aserrada o cepillada, cortada en tamaños estándar. Una o más caras pueden estar cepilladas.

La mayoría de las maderas macizas se vende como tablas de longitud y ancho aleatorios, a pesar de que algunas clases pueden adquirirse cortadas a medida.

Calidad de la madera

La calidad de las maderas blandas se determina respecto de lo pareja que es la veta y de la cantidad de defectos aceptables, como los nudos. La calidad de las maderas macizas se determina según el área de madera libre de defectos: cuanto mayor es el área, mayor la calidad. Las calidades más adecuadas para carpintería son, por lo general, "de primera" y "de primera y de segunda".

▲ Pilas de tablas en una maderera

Defectos de la madera

Si la madera no se seca con cuidado, las tensiones pueden dañarla o complicar el trabajo. Verifique que la superficie no presente defectos obvios como separaciones, nudos y veta despareja. Observe la sección de extremo para identificar cómo se cortó la madera del tronco y para controlar que no presente distorsión alguna. Observe la extensión a lo largo para verificar si hay algún retorcimiento o arqueamiento. Busque indicios de ataques de insectos.

3 Grietas tipo panal
Se presentan cuando la parte externa de la tabla se estabiliza antes de que seque la parte interna. La parte interna se encoge más que la parte externa, lo que provoca fibras internas desgarradas.

4 Separación de las fibras a lo largo del grano
Estas separaciones en la estructura de la madera son provocadas por defectos de crecimiento o tensiones de encogimiento.

6 Nudos recubiertos o muertos
Son los restos de tocones de ramas muertas sobre los que crecen nuevos anillos de crecimiento anual. La madera que rodea al nudo tiene una veta irregular y es difícil de trabajar.

1 Control de superficie
Por lo general, se presenta en los radios. Es provocado por un secado demasiado rápido de la superficie.

7 Corteza crecida hacia adentro
Puede dañar el aspecto de la madera y debilitar su estructura.

2 Separaciones en los extremos
Dichas separaciones son defectos comunes, provocados por la exposición al aire de los extremos que secan demasiado rápido. Una forma de evitarlo consiste en sellar los extremos de las tablas apiladas con pintura impermeable.

5 Arqueamiento o abarquillamiento
Provocado por un apilado inadecuado de las tablas, veta irregular o tensiones causadas por un secado inadecuado. La madera que reacciona también es propensa a abarquillarse o "combarse" al cortarla o secarla.

Maderas blandas del mundo

La madera blanda proviene de las coníferas que pertenecen al grupo botánico de las gimnospermas, es decir, plantas con semillas expuestas. En realidad, es esta agrupación científica y no las propiedades físicas lo que determina qué árboles se clasifican como maderas blandas.

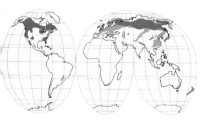

Cuando se convierten en tablas, las maderas blandas pueden identificarse por sus colores relativamente claros que varían desde el amarillo pálido hasta el marrón rojizo. Otras características distintivas son el diseño de la veta, creado por el cambio de color y la densidad de la madera temprana y la madera tardía.

■ Bosque de coníferas

■ Bosque mixto (coníferas y árboles caducifolios de hojas anchas)

▲ Distribución de maderas blandas

▲ Plantín de madera blanda

Regiones del mundo que producen madera blanda

La mayoría de las maderas blandas comerciales del mundo provienen de países del hemisferio norte que van desde el Ártico y las regiones subárticas de Europa y América del Norte, hasta el sudeste de los Estados Unidos.

Maderas blandas de plantación

Los injertos, la fertilización cruzada y la polinización controlada con cuidado son sólo algunos de los métodos utilizados hoy en día para producir árboles de crecimiento rápido.

CONÍFERAS

A pesar de que las coníferas se ilustran, en su mayoría, con una forma alta y en punta, esto no es así en todos los casos. La mayoría son de hoja perenne y angosta con forma de aguja.

Ciprés de Nootka   Alerce europeo   Pino australiano   Pino Paraná

Por lo general, las maderas blandas son menos costosas que las maderas macizas y se utilizan para la construcción, la carpintería y la fabricación de papel y fibra de madera prensada.

Clasificación botánica

Las muestras de maderas blandas de las siguientes páginas se ordenan alfabéticamente según la clasificación botánica de cada género y especie, que aparecen en letra pequeña debajo del título, que es el nombre comercial principal. Aparecen otros nombres comerciales o locales al principio del texto.

Cambios de color

La madera es tan variada en sus colores como en sus dibujos y texturas. Asimismo, el color se modifica con el tiempo y se torna más claro o más oscuro. No obstante, los cambios más sensibles de color ocurren cuando se aplica un acabado; incluso un acabado transparente realza y oscurece levemente los colores naturales. Con la descripción de cada especie, se presenta una fotografía que muestra el aspecto de la madera antes y después de la aplicación de un acabado transparente.

COMPRA DE TABLAS DE MADERA BLANDA

Los aserraderos locales comercializan tablas completas de madera cultivada en el país. Estas pueden presentarse con la corteza y la gema (el borde no cortado de la tabla).

Por el contrario, las tablas importadas, por lo general, se presentan sin corteza o con bordes rectos.

Gema ▶

Abeto plateado
Abies alba

Otros nombres: pinabete, abeto blanco, abeto común, abeto europeo.

Origen: Europa Meridional, Europa Central

Características del árbol: árbol erguido y delgado que crece hasta alrededor de los 40 m de altura y 1 m de diámetro.

Características de la madera: la madera de color crema pálido se asemeja al abeto rojo (*Picea abies*), con veta recta y textura fina. Es propensa a presentar nudos y no es duradera.

Usos comunes: construcción, carpintería, fabricación de madera terciada, cajas, varas.

Viabilidad: puede trabajarse con facilidad, utilizando herramientas de mano afiladas y herramientas eléctricas para producir un acabado muy liso. Se adhiere bien.

Acabado: acepta tintes, pinturas y barnices con facilidad.

Peso promedio en seco: 480 kg/m^3

Pino de kauri
Agathis spp.

Otros nombres: kauri de Queensland.

Origen: Australia

Características del árbol: a pesar de que puede superar los 45 m de altura y 1,5 m de diámetro, la tala excesiva provocó una escasez de árboles de gran tamaño; los medianos son los más comunes.

Características de la madera: la madera de veta recta no es duradera y su color varía desde el marrón pálido hasta el marrón rosado con una textura fina y pareja y una superficie lustrosa.

Usos comunes: carpintería, muebles.

Viabilidad: puede trabajarse con facilidad y se adhiere bien.

Acabado: acepta pinturas, tintes y puede pulirse.

Peso promedio en seco: 480 kg/m^3

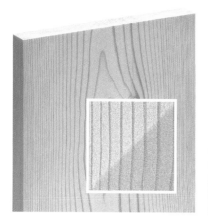

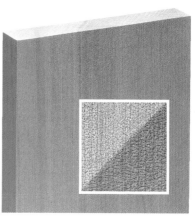

Pino Paraná
Araucaria angustifolia

Otros nombres: pino de Misiones, pino de Brasil, árbol candelabro; *Brazilian pine* (Estados Unidos).

Origen: Brasil, Argentina, Paraguay.

Características del árbol: puede alcanzar los 36 m de altura, con una copa aplanada con follaje en la parte superior. El tronco puede medir hasta 1 m de diámetro.

Características de la madera: la madera, casi libre de nudos, posee anillos de crecimiento prácticamente imperceptibles, una textura pareja y veta recta. No es duradera y debe secarse de manera adecuada. El centro del duramen es marrón oscuro.

Usos comunes: carpintería, muebles, fabricación de madera terciada, tornería.

Viabilidad: se trabaja con facilidad. Se adhiere bien.

Acabado: acepta pinturas, tintes, y puede pulirse.

Peso promedio en seco: 530 kg/m^3

Pino australiano
Araucaria cunninghamii

Otros nombres: araucaria australiana.

Origen: Australia, Papua Nueva Guinea.

Características del árbol: este árbol alto y elegante, con copos de follaje en los extremos de sus delgadas ramas, no es un pino verdadero. La altura promedio es de alrededor de 30 m; el diámetro del tronco es de aproximadamente 1 m.

Características de la madera: la madera versátil no es duradera; presenta una veta recta y una textura fina. El duramen es de color marrón amarillento mientras que la albura ancha es de color marrón claro.

Usos comunes: construcción, carpintería, muebles, tornería, diseños, fabricación de madera terciada.

Viabilidad: la madera puede trabajarse con facilidad. Se adhiere bien.

Acabado: acepta pinturas y tintes de manera adecuada y puede pulirse para lograr un acabado atractivo.

Peso promedio en seco: 560 kg/m^3

Cedro del Líbano
Cedrus libani

Otros nombres: cedro verdadero, cedro atlántico.

Origen: Oriente Medio

Características del árbol: este árbol posee grandes ramas de crecimiento bajo y una copa ancha de follaje característica. Altura: 40 m; diámetro: 1,5 m.

Características de la madera: la madera aromática es blanda y duradera aunque es quebradiza y presenta una veta recta. El duramen es de color marrón claro.

Usos comunes: construcción, carpintería, fabricación de muebles de interior y exterior.

Viabilidad: puede resultar complicado trabajar los nudos.

Acabado: acepta pinturas y tintes de manera adecuada y puede pulirse hasta lograr un acabado muy delicado.

Peso promedio en seco: 560 kg/m³

Ciprés de Nootka
Chamaecyparis nootkatensis

Otros nombres: ciprés amarillo, cedro de Alaska, cedro amarillo.

Origen: costa del Pacífico de América del Norte.

Características del árbol: este árbol elegante, con forma cónica, crece lentamente. Altura: 30 m; diámetro: 1 m.

Características de la madera: la madera duradera de color amarillo pálido presenta una veta recta y una textura pareja. Cuando está seca es firme, estable, relativamente liviana y muy resistente.

Usos comunes: fabricación de muebles, chapas y ensambles de alta calidad (puertas, ventanas, pisos, etc.), construcción de embarcaciones, remos y paletas.

Viabilidad: tolera cortes delgados y se adhiere bien.

Acabado: acepta pinturas y tintes de manera adecuada y puede pulirse para lograr un acabado delicado.

Peso promedio en seco: 500 kg/m³

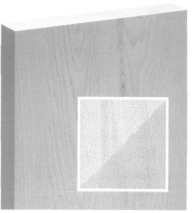

Rimu

Dacrydium cupressinum

Otros nombres: pino rojo.

Origen: Nueva Zelanda.

Características del árbol: alto y erguido. Altura: 36 m; diámetro: 2,5 m.

Características de la madera: la madera, moderadamente duradera, posee veta recta y textura fina y pareja, con una albura de color amarillo pálido que se oscurece hasta el duramen marrón rojizo.

Usos comunes: fabricación de muebles de interior, chapas decorativas, tornería, paneles, madera terciada.

Viabilidad: puede trabajarse de manera adecuada con herramientas de mano y eléctricas. Puede cepillarse hasta obtener una textura fina y lograr un acabado liso. Se adhiere bien.

Acabado: acepta tintes de manera satisfactoria y puede obtenerse un acabado adecuado con pinturas o productos para pulir.

Peso promedio en seco: 530 kg/m³

Alerce

Larix decidua

Otros nombres: alerce común, alerce europeo, alerce de los Alpes.

Origen: Europa; en particular, las zonas montañosas.

Características del árbol: una de las maderas blandas más duras, el alerce europeo muestra sus agujas en invierno. Altura: 45 m; diámetro: 1 m.

Características de la madera: la madera resinosa presenta una veta recta y una textura uniforme; es relativamente duradera para uso en exteriores. La albura es angosta y de color claro, y el duramen es rojo anaranjado.

Usos comunes: entablado para barcos, puntales, postes y cercos.

Viabilidad: la madera puede trabajarse en forma bastante sencilla, con herramientas de mano y eléctricas; se lija bien.

Acabado: puede pintarse y barnizarse de manera satisfactoria.

Peso promedio en seco: 590 kg/m³

Abeto rojo
Picea abies

Otros nombres: abeto europeo, árbol de Navidad.

Origen: Europa.

Características del árbol: Es un importante productor de madera. Altura: hasta 60 m; diámetro: 2 m.

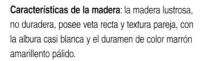

Características de la madera: la madera lustrosa, no duradera, posee veta recta y textura pareja, con la albura casi blanca y el duramen de color marrón amarillento pálido.

Usos comunes: construcción de interiores, pisos, cajas, madera terciada.

Viabilidad: puede trabajarse con facilidad con herramientas de mano y eléctricas, y presenta un corte limpio. Se adhiere bien.

Acabado: acepta tintes de manera adecuada y puede aplicarse un acabado satisfactorio con pinturas y barnices.

Peso promedio en seco: 450 kg/m³

Picea de Sitka
Picea sitchensis

Otros nombres: picea plateado.

Origen: Canadá, Estados Unidos, Reino Unido.

Características del árbol: es un árbol muy cultivado. Altura: 87 m; diámetro 5 m.

Características de la madera: la madera no duradera posee, por lo general, veta recta y textura pareja, con albura de color crema y duramen levemente rosado.

Usos comunes: construcción, carpintería de interior, aeronaves y planeadores, construcción de embarcaciones, instrumentos musicales, madera terciada.

Viabilidad: puede trabajarse con facilidad con herramientas de mano y eléctricas. Se adhiere bien.

Acabado: acepta tintes, pinturas y barnices de manera adecuada.

Peso promedio en seco: 450 kg/m³

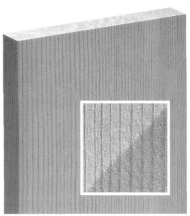

Pino gigante
Pinus lambertiana

Otros nombres: pino del azúcar, pino dulce

Origen: Estados Unidos.

Características del árbol: típicamente, alcanza los 45 m de altura y 1 m de diámetro.

Características de la madera: la madera de veta pareja es moderadamente blanda, con textura media. No es duradera. La albura es blanca y el duramen es entre marrón pálido y marrón rojizo.

Usos comunes: construcción de edificaciones livianas, carpintería.

Viabilidad: puede trabajarse bien con herramientas de mano y eléctricas. Se adhiere bien.

Acabado: puede aplicarse un acabado satisfactorio con tintes, pinturas, barnices y productos para pulir.

Peso promedio en seco: 420 kg/m³

Pino blanco de Idaho
Pinus monticola

Otros nombres: pino de montaña, pino blanco americano.

Origen: Estados Unidos, Canadá.

Características del árbol: altura: 37 m; diámetro: 1 m.

Características de la madera: la madera presenta una veta recta y una textura pareja, co líneas delgadas con canales resiníferos. No es duradera. Tanto la madera temprana como la tardía son entre amarillo pálido y marrón rojizo. En muchos aspectos, es similar al pino canadiense (*Pinus strobus*), la madera es más dura y encoge un poco más.

Usos comunes: construcción, carpintería, construcción de embarcaciones, muebles empotrados, diseños.

Viabilidad: se trabaja fácilmente con herramientas de mano y eléctricas. Se adhiere bien.

Acabado: acepta pinturas y barnices de manera adecuada, y puede pulirse para lograr un buen acabado.

Peso promedio en seco: 450 kg/m³

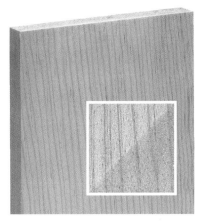

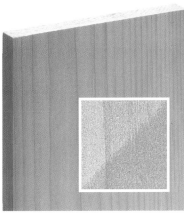

Pino ponderosa

Pinus ponderosa

Otros nombres: pino amarillo; *British Columbian soft pine* (Canadá), *Western yellow pine, Californian white pine* (Estados Unidos).

Origen: Estados Unidos, Canadá.

Características del árbol: altura: 70 m; diámetro: 75 cm.

Características de la madera: la madera no duradera puede presentar nudos.

Usos comunes: albura para confección de diseños, puertas, muebles, tornería. Duramen para carpintería y construcción.

Viabilidad: los nudos pueden provocar problemas durante el cepillado. Se adhiere bien.

Acabado: acepta pinturas y barnices de manera satisfactoria.

Peso promedio en seco: 480 kg/m^3

Pino canadiense

Pinus strobus

Otros nombres: pino de Weymouth; *Québec pine, Weymouth pine* (Reino Unido); *Eastern white pine, Northern white pine* (Estados Unidos).

Origen: Estados Unidos, Canadá.

Características del árbol: altura: 30 m; diámetro 1 m.

Características de la madera: a pesar de que la madera es blanda, débil y no duradera, resulta estable. Presenta una veta recta y una textura fina y pareja.

Usos comunes: ensambles de alta calidad, construcción de edificaciones livianas, muebles, ingeniería, diseños, tallas.

Viabilidad: puede trabajarse con facilidad con herramientas de mano y eléctricas, si se encuentran afiladas. Se adhiere bien.

Acabado: acepta tintes, pinturas y barnices, y puede pulirse.

Peso promedio en seco: 420 kg/m^3

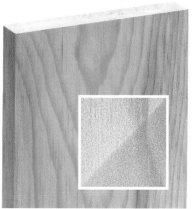

Pino silvestre
Pinus sylvestris

Otros nombres: pino albar.

Origen: Europa, Asia Septentrional.

Características del árbol: altura: 30 m; diámetro: 1 m.

Características de la madera: a pesar de que la madera resinosa es estable y fuerte, no resulta duradera, a menos que sea tratada.

Usos comunes: construcción, carpintería de interior, tornería, fabricación de madera terciada. La madera seleccionada libre de nudos se utiliza para muebles.

Viabilidad: se trabaja bien con herramientas de mano y eléctricas. Se adhiere bien.

Acabado: acepta pinturas, barnices y tintes de manera satisfactoria.

Peso promedio en seco: 510 kg/m³

Abeto de Douglas
Pseudotsuga menziesii

Otros nombres: pino de Oregón.

Origen: Canadá, oeste de los Estados Unidos, Reino Unido.

Características del árbol: altura: hasta 90 m; diámetro: 2 m.

Características de la madera: la madera de color marrón rojizo, con veta recta, es moderadamente duradera.

Usos comunes: carpintería, fabricación de madera terciada, construcción.

Viabilidad: se trabaja bien con herramientas de mano y eléctricas afiladas y se adhiere de manera satisfactoria. Puede aplicarse un acabado suave, pero la madera tardía queda muy bien después de lijarla.

Acabado: la madera tardía puede presentar resistencia a tintes; la madera temprana los acepta relativamente bien. Ambas aceptan pinturas y barnices de manera satisfactoria.

Peso promedio en seco: 510 kg/m³

Secuoya de hoja perenne
Sequoia sempervirens

Otros nombres: secuoya roja; secuoya de California.

Origen: Estados Unidos.

Características del árbol: altura: 100 m; diámetro: 4,5 m.

Características de la madera: a pesar de ser relativamente blanda, la madera de color marrón rojizo con veta recta resulta duradera y adecuada para uso en exteriores. La textura puede variar desde fina y pareja hasta bastante gruesa. Existe contraste entre la madera temprana y la tardía.

Usos comunes: revestimientos de exterior, carpintería de interior, ataúdes, postes para cercos.

Viabilidad: puede trabajarse bien con herramientas de mano y eléctricas, si se encuentran afiladas, para evitar la separación a lo largo del corte. Se adhiere bien.

Acabado: se lija y acepta pinturas y productos para pulir de manera adecuada.

Peso promedio en seco: 420 kg/m³

Tejo
Taxus baccata

Otros nombres: tejo común, tejo europeo.

Origen: Europa, Asia Menor, África Septentrional, Myanmar, Los Himalayas.

Características del árbol: altura: 15 m; diámetro: 6,1 m.

Características de la madera: la madera es maciza y duradera, con un decorativo diseño de crecimiento.

Usos comunes: muebles, tallas, carpintería de interior, chapas. Es particularmente adecuada para tornería.

Viabilidad: la madera con veta recta puede trabajarse con herramientas eléctricas o de mano hasta lograr un acabado liso, pero la madera con veta irregular puede quebrarse y ser difícil de trabajar.

Acabado: acepta tintes de manera satisfactoria y puede pulirse para lograr un excelente acabado.

Peso promedio en seco: 670 kg/m³

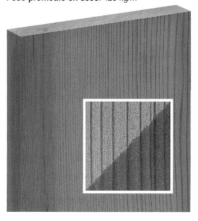

Tuya gigante
Thuja plicata

Otros nombres: árbol de la vida, cedro gigante; *Giant arbor vitae* (Estados Unidos); *red cedar* (Canadá); *British Columbian red cedar* (Reino Unido).

Origen: Estados Unidos, Canadá, Reino Unido, Nueva Zelanda.

Características del árbol: altura: hasta 75 m; diámetro: hasta 2,5 m.

Características de la madera: a pesar de ser relativamente blanda y quebradiza, la madera aromática no resinosa es duradera.

Usos comunes: tejas de madera, tablas de exterior, construcción, muebles, revestimientos y *decks*, paneles.

Viabilidad: se trabaja con facilidad con herramientas de mano y eléctricas, y se adhiere bien.

Acabado: acepta pinturas y barnices de manera adecuada.

Peso promedio en seco: 370 kg/m³

Tsuga del Oeste
Tsuga heterophylla

Otros nombres: tsuga occidental, tsuga del Pacífico.

Origen: Estados Unidos, Canadá, Reino Unidc

Características del árbol: este elegante árbol alto y erguido, caracterizado por la cima de la copa caída, puede alcanzar los 60 m de altura los 2 m de diámetro.

Características de la madera: la madera con veta recta y textura pareja no es duradera y debe tratarse antes de ser utilizada en exteriores. De color marrón pálido y semilustrosa, no presenta nudos y no es resinosa; presenta anillos de crecimiento bastante característicos.

Usos comunes: carpintería, madera terciada, construcción (con frecuencia se utiliza en lugar del abeto de Douglas).

Viabilidad: se trabaja con facilidad con herramientas de mano y eléctricas. Se adhiere bien.

Acabado: acepta tintes, pinturas, productos para pulir y barnices de manera adecuada.

Peso promedio en seco: 500 kg/m³

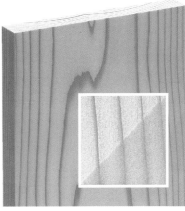

▶ Maderas macizas del mundo

Los árboles de madera maciza pertenecen al grupo botánico de las angiospermas, es decir, plantas de hojas anchas con floración. Esta agrupación científica determina qué árboles se clasifican como maderas macizas, pero la mayoría de las maderas macizas son más duras que las maderas blandas.

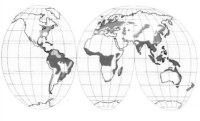

La mayoría de los árboles de hojas anchas que crecen en zonas templadas son caducifolios y pierden el follaje en el invierno; no obstante, algunos se han transformado en perennes. Los árboles de hojas anchas que crecen en zonas tropicales son, en su mayoría, perennes.

■ Bosque de perennes de hojas anchas

■ Bosque de caducifolios de hojas anchas

□ Bosque mixto de hojas anchas (perennes y caducifolios)

■ Bosque mixto (coníferas y árboles caducifolios de hojas anchas)

▲ Distribución de maderas macizas

DATOS ÚTILES

Especies en extinción
La superproducción y la falta de cooperación normativa internacional han provocado una grave escasez de una gran cantidad de maderas macizas tropicales. En las siguientes páginas, las especies indicadas con el símbolo de un árbol talado (como se muestra abajo), son las que se encuentran bajo el mayor riesgo.

Regiones del mundo que producen madera maciza

El clima es el factor principal para determinar dónde crecen las especies. En su mayoría, los árboles de hojas anchas crecen en el hemisferio norte, con clima templado, mientras que los perennes de hojas anchas se encuentran en el hemisferio sur y en las regiones tropicales.

Entre las miles de especies de árboles de madera maciza que pueden encontrarse en todo el mundo, sólo algunos cientos de ellas se talan con fines comerciales. Dado que las maderas macizas son, por lo general, más duraderas que las maderas blandas y poseen una mayor variedad de colores, texturas y figuras, son muy buscadas y costosas.

▲ Plantación de un árbol joven de madera maciza en un bosque tropical.

Sicómoro europeo
Acer pseudoplatanus

Otros nombres:
falso plátano, arce
blanco; *plane*
(Escocia); *sycamore
plane, great maple*
(Reino Unido).

Origen: Europa,
Asia Occidental.

Características del árbol: altura: 30 m;
diámetro: 1,5 m.

Características de la madera: la madera lustrosa
de color entre blanco y blanco amarillento no es
duradera y resulta inadecuada para uso en
exteriores, pero sí es apropiada para curvado al
vapor. Posee una textura fina y pareja.

Usos comunes: tornería, muebles, pisos, chapas,
utensilios de cocina.

Viabilidad: puede trabajarse de manera adecuada
con herramientas de mano y eléctricas. Se
adhiere bien.

Acabado: acepta tintes de manera adecuada y
puede pulirse para lograr un acabado delicado.

Peso promedio en seco: 630 kg/m³

Arce rojo
Acer rubrum

Otros nombres: arce de Canadá; *red maple*
(Estados Unidos, Canadá).

Origen: Estados Unidos, Canadá.

Características del árbol: este árbol mediano
puede alcanzar los 23 m de altura y 75 cm de
diámetro.

Características de la madera: la madera de color
marrón claro presenta una veta recta, una
superficie lustrosa y textura fina. No es duradera y
tan fuerte como el arce de azúcar (*Acer
saccharum*), pero resulta adecuada para curvado
al vapor.

Usos comunes: muebles y carpintería de interior,
instrumentos musicales, pisos, tornería, madera
terciada, chapas.

Viabilidad: la madera puede trabajarse con
facilidad con herramientas de mano y eléctricas, y
se adhiere de manera satisfactoria.

Acabado: acepta tintes de manera adecuada y
puede pulirse para lograr un acabado delicado.

Peso promedio en seco: 630 kg/m³

Arce de azúcar
Acer saccharum

Otros nombres:
arce azucarero.

Origen: Canadá,
Estados Unidos.

**Características del
árbol:** altura: 27 m; 75 cm
de diámetro.

Características de la madera: la madera pesada
es dura, pero no duradera, con veta recta y
textura fina. El duramen es de color marrón rojizo
claro mientras que la albura es blanca.

Usos comunes: muebles, tornería, instrumentos
musicales, pisos, chapas, tablas de cocina.

Viabilidad: la madera es difícil de trabajar con
herramientas de mano o eléctricas, en especial si
presenta una veta irregular. Se adhiere bien.

Acabado: acepta tintes y puede pulirse de
manera satisfactoria.

Peso promedio en seco: 740 kg/m^3

Aliso rojo
Alnus rubra

Otros nombres:
Aliso de Óregon.

Origen: Costa del Pacífico
de América del Norte.

Características del árbol:
altura: 15 m; diámetro 50 cm.

Características de la madera:
la madera con veta recta y textura pareja es
blanda y no demasiado fuerte. No es duradera,
pero puede tratarse con conservantes.

Usos comunes: muebles, tornería, tallas, chapas
decorativas, madera terciada, fabricación de
juguetes.

Viabilidad: puede trabajarse bien con
herramientas de mano y eléctricas si están
afiladas. Se adhiere bien.

Acabado: acepta tintes de manera adecuada y
puede pintarse o pulirse para lograr un acabado
delicado.

Peso promedio en seco: 530 kg/m^3

TIPOS DE MADERAS

42

Urunday

Astronium
fraxinifolium

Otros nombres: *Zebrawood*
(Reino Unido), *tigerwood*
(Estados Unidos).

Origen: Brasil

Características del árbol:
altura: 30 m; diámetro: 1 m.

Características de la madera: la madera con
textura media es dura y muy duradera, con capas
duras y blandas de material; su color marrón rojizo
contrasta con el marrón oscuro y es similar al palo
de rosa.

Usos comunes: muebles finos, artículos
decorativos de madera, tornería, chapas.

Viabilidad: es una madera difícil de trabajar a
mano. Posee un lustre natural y se adhiere bien.

Acabado: puede pulirse para lograr un acabado
delicado.

Peso promedio en seco: 950 kg/m³

Abedul amarillo

Betula alleghaniensis

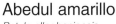

Otros nombres: abedul americano,
abedul de Québec; *hard birch, betuna
wood* (Canadá); *Canadian yellow birch,
Quebec birch, American birch* (Reino Unido)

Origen: Canadá, Estados Unidos.

Características del árbol: altura: 20 m;
diámetro: 75 cm.

Características de la madera: la madera no
duradera posee, por lo general, veta recta. Tiene
una textura fina y pareja y es adecuada para
curvado al vapor. Esta madera es resistente al
tratamiento con conservantes.

Usos comunes: carpintería, pisos, muebles,
tornería, madera terciada decorativa de alta
densidad.

Viabilidad: puede trabajarse bastante bien con
herramientas de mano y bien con herramientas
eléctricas. También se adhiere de manera
adecuada.

Acabado: acepta tintes de manera adecuada y
puede pulirse para lograr un acabado delicado.

Peso promedio en seco: 710 kg/m³

Abedul del papel
Betula papyrifera

Otros nombres: abedul americano, *American birch* (Reino Unido); *white birch* (Canadá).

Origen: Estados Unidos, Canadá.

Características del árbol: altura: 18 m; diámetro: 30 cm.

Características de la madera: la madera es bastante dura, tiene veta recta y textura fina y pareja y es moderadamente adecuada para curvado al vapor. No es duradera. Esta madera es relativamente resistente al tratamiento con conservantes.

Usos comunes: tornería, utensilios y artículos de madera para el hogar, cestas, madera terciada, chapas.

Viabilidad: puede trabajarse bastante bien con herramientas de mano y eléctricas. Se adhiere bien.

Acabado: acepta tintes de manera adecuada y puede pulirse para lograr un acabado delicado.

Peso promedio en seco: 640 kg/m³

Boj
Buxus sempervirens

Otros nombres: boj común.

Origen: Europa Meridional, Asia Occidental, Asia Menor.

Características del árbol: altura: hasta 9 m; diámetro hasta 20 cm.

Características de la madera: la madera es dura, fuerte, pesada y densa, con textura fina y pareja y veta recta o irregular.

Usos comunes: mangos de herramientas, cajas grabadas, partes de instrumentos musicales, reglas, taracea, tornería, tallas.

Viabilidad: a pesar de que es una madera dura de trabajar, las herramientas afiladas permiten efectuar cortes limpios. Se adhiere con facilidad.

Acabado: acepta tintes de manera adecuada y puede pulirse para lograr un acabado delicado.

Peso promedio en seco: 930 kg/m³

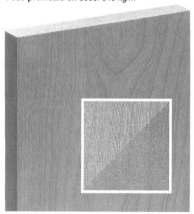

Roble sedoso
Cardwellia sublimis

Otros nombres: roble australiano, pino de oro; *bull oak, Australian silky oak* (Reino Unido); *Northern silky oak* (Australia).

Origen: Australia

Características del árbol: altura: 36 m; diámetro 1,2 m.

Características de la madera: la madera de textura gruesa y pareja es de color marrón rojizo, con veta recta y grandes radios. Es moderadamente duradera para uso en exteriores.

Usos comunes: construcción, carpintería de interior, muebles, pisos, chapas.

Viabilidad: puede trabajarse bien con herramientas de mano y eléctricas. Deben tomarse precauciones para no desgarrar las células radiales durante el cepillado. Se adhiere bien.

Acabado: la madera acepta tintes de manera adecuada y puede pulirse para lograr un acabado satisfactorio.

Peso promedio en seco: 550 kg/m^3

Nogal pecanero/pacana
Carya illinoensis

Otros nombres: nogal americano.

Origen: Estados Unidos.

Características del árbol: altura: 30 m; diámetro: 1 m.

Características de la madera: cuando está cortada, la madera de nogal pecanero y pacana son tan similares que los proveedores generalmente las mezclan. La madera densa, fuerte, de textura gruesa posee un aspecto similar al fresno (*Fraxinus* spp.), con la albura blanca y el duramen marrón rojizo.

Usos comunes: sillas y muebles de madera curvada, accesorios deportivos, mangos de herramientas de golpe, palillos para baterías.

Viabilidad: si el árbol creció con rapidez, la madera densa desafilará con rapidez las herramientas de mano y eléctricas.

Acabado: acepta tintes y productos para pulir de manera adecuada, a pesar de su porosidad.

Peso promedio en seco: 750 kg/m^3

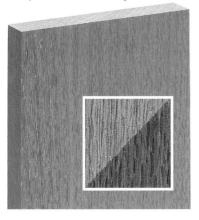

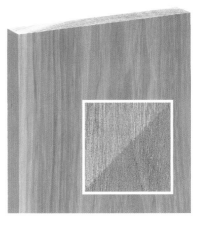

Castaño común
Castanea sativa

Otros nombres:
castaño.

Origen: Europa,
Asia Menor.

Características del árbol:
altura: 30 m; diámetro: 1,8 m.

Características de la madera:
la madera duradera de textura gruesa es de color marrón amarillento y tiene veta recta o en espiral. Puede corroer metales ferrosos.

Usos comunes: muebles, tornería, ataúdes, varas, estacas.

Viabilidad: puede trabajarse fácilmente con herramientas de mano y eléctricas y la textura gruesa puede convertirse en un acabado delicado. Se adhiere bien.

Acabado: acepta tintes de manera adecuada y puede barnizarse o pulirse para lograr un excelente acabado.

Peso promedio en seco: 560 kg/m^3

Castaño de Australia
Castanospermum australe

Otros nombres:
castaño australiano.

Origen: Australia Oriental.

Características del árbol:
altura: 40 m; diámetro: 1 m.

Características de la madera:
la madera maciza y pesada es de color marrón con rayas marrón grisáceo. Por lo general, presenta una veta recta.

Usos comunes: muebles, tornería, carpintería, tallas, chapas decorativas.

Viabilidad: los sectores más blandos de esta madera maciza pueden desmenuzarse si las herramientas no estás afiladas; por ello, no es en particular sencillo trabajarla con herramientas de mano o eléctricas. Por lo general, se adhiere bastante bien.

Acabado: acepta tintes de manera adecuada y puede pulirse para lograr un acabado delicado.

Peso promedio en seco: 720 kg/m^3

Leño de raso

Chloroxylon
swietenia

Otros nombres:
no posee.

 árbol image to the right

Origen: India Central
y Meridional, Sri Lanka.

Características del árbol:
altura: 15 m; diámetro; 30 cm.

Características de la madera: la madera lustrosa
y duradera es de color entre amarillo claro y
marrón dorado, con textura fina y pareja y veta
entrelazada. Es pesada, dura y fuerte.

Usos comunes: carpintería de interior, muebles,
chapas, taracea, tornería.

Viabilidad: es una madera moderadamente difícil
de adherir y de trabajar con herramientas de
mano.

Acabado: si se toman precauciones, se puede
obtener una superficie suave y pulir para lograr un
acabado delicado.

Peso promedio en seco: 990 kg/m^3

Jacarandá violeta

Dalbergia cearensis

Otros nombres: palo violeta;
Violet wood, violetta (Estados Unidos),
bois violet (Francia), *violete* (Brasil).

Origen: América del Sur.

Características del árbol:
este pequeño árbol, relacionado botánicamente
con el palo de rosa, produce troncos cortos de
madera de hasta 2,5 m de largo; cuando se quita
la albura blanca, el diámetro de los troncos es de
entre 75 y 20 cm.

Características de la madera: esta madera
duradera de textura fina y pareja posee, por lo
general, veta recta. El duramen oscuro y lustroso
tiene un diseño variegado con rayas de color
marrón violáceo, negro y amarillo dorado.

Usos comunes: tornería, taracea, marquetería.

Viabilidad: puede trabajarse con facilidad. Se
adhiere de manera satisfactoria.

Acabado: se le puede dar brillo para lograr un
acabado delicado y puede pulirse bien.

Peso promedio en seco: 1.200 kg/m^3

Palisandro de la India
Dalbergia latifolia

Otros nombres: palisandro rosa índico.

Origen: Indonesia.

Características del árbol: altura: 24 m; diámetro 1,5 m.

Características de la madera: la madera duradera, dura y pesada presenta una textura uniforme, moderadamente gruesa. Su color es entre dorado y marrón violáceo, veteado con negro o violeta oscuro.

Usos comunes: muebles, instrumentos musicales, tornería, chapas.

Viabilidad: es moderadamente difícil de trabajar con herramientas de mano, pero no con máquinas. Se adhiere de manera satisfactoria.

Acabado: a pesar de que la veta requiere relleno para lograr un buen pulido, puede aplicarse un acabado adecuado con cera.

Peso promedio en seco: 870 kg/m^3

Cocobolo
Dalbergia retusa

Otros nombres: palisandro cocobolo; granadillo (México)

Origen: costa oeste de América Central.

Características del árbol: altura: 30 m; diámetro 1 m.

Características de la madera: la madera duradera, con veta irregular, es maciza y pesada, con una textura uniforme entre media y fina. El duramen tiene un color variegado desde el rojo violáceo hasta el amarillo, con marcas negras.

Usos comunes: tornería, cepillos de baño, mangos de cubiertos, chapas.

Viabilidad: a pesar de que es maciza, puede trabajarse fácilmente con herramientas de mano y eléctricas.

Acabado: acepta tintes y puede pintarse o pulirse para lograr un acabado delicado.

Peso promedio en seco: 1.100 kg/m^3

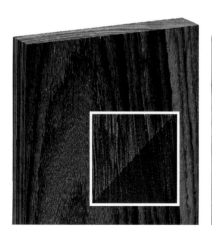

Ébano
Diospyros ebenum

Otros nombres: tendo, tuki.

Origen: Sri Lanka, India.

Características del árbol: altura: 30 m; diámetro 75 cm.

Características de la madera: la madera maciza, pesada y densa puede tener veta recta, ondulada o irregular y presenta una textura fina y pareja. El duramen duradero y lustroso es entre marrón oscuro y negro, mientras que la albura no es duradera y es de color blanco amarillento.

Usos comunes: tornería, instrumentos musicales, taracea.

Viabilidad: a menos que se utilice un torno, es una madera difícil de trabajar. No se adhiere bien.

Acabado: puede pulirse para lograr un excelente acabado.

Peso promedio en seco: 1.190 kg/m^3

Jelutong
Dyera costulata

Otros nombres: jelutong bukit, jelutong paya (Sarawak).

Origen: Sudeste de Asia.

Características del árbol: altura: 60 m: diámetro: 2,5 m.

Características de la madera: la madera blanda con veta recta posee una textura lustrosa, fina y pareja y un diseño liso; no es duradera. Con frecuencia presenta conductos de látex. Tanto la albura como el duramen son de color marrón claro.

Usos comunes: carpintería de interior, diseños, fósforos, madera terciada.

Viabilidad: puede trabajarse con facilidad y lograr un acabado suave con herramientas de mano y eléctricas; es fácil de tallar. Además, se adhiere bien.

Acabado: acepta tintes y barnices de manera adecuada y puede pulirse para lograr un acabado delicado.

Peso promedio en seco: 470 kg/m^3

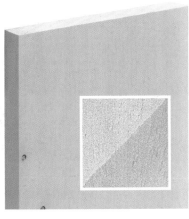

TIPOS DE MADERAS

49

Nogal de Queensland

Endiandra palmerstonii

Otros nombres:
nogal australiano.

Origen: Australia.

Características del árbol:
altura: 42 m; diámetro: 1,5 m.

Características de la madera: a pesar de que la madera no duradera es similar a la del nogal europeo (*Juglans regia*), no es un verdadero nogal. El color puede variar entre marrón claro y oscuro, con rayas rosadas y gris oscuro; la veta ondulada entrelazada produce un diseño atractivo.

Usos comunes: muebles, carpintería de interior, accesorios para comercios, pisos, chapas decorativas.

Viabilidad: es una madera difícil de trabajar a mano o con herramientas eléctricas.

Acabado: puede pulirse para lograr un acabado delicado.

Peso promedio en seco: 690 kg/m^3

Abebay

Etandrophragma utile

Otros nombres: sipo (Costa de Marfil); *assié* (Camerún)

Origen: África.

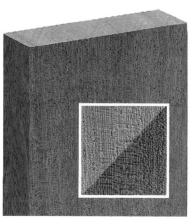

Características del árbol:
altura: 45 m; diámetro: 2 m.

Características de la madera: esta madera fuerte, duradera con textura media, es de color marrón rosado cuando está recién cortada y adquiere un color marrón rojizo con la exposición al aire.

Usos comunes: carpintería de interior y exterior, construcción de embarcaciones, muebles, pisos, madera terciada, chapas.

Viabilidad: si se toman precauciones para no desgarrar el diseño rayado durante el cepillado, la madera puede trabajarse bien. Se adhiere de manera satisfactoria.

Acabado: acepta tintes y productos para pulir de manera adecuada.

Peso promedio en seco: 660 kg/m^3

Jarrah
Eucalyptus marginata

Otros nombres:
no posee.

Origen: Australia
Occidental.

Características del árbol:
altura: 45 m; diámetro: 1,5 m.

Características de la madera:
la madera sumamente duradera es fuerte, maciza
y pesada, con textura pareja entre media y
gruesa. Por lo general, la veta es recta, pero
puede ser ondulada o entrelazada.

Usos comunes: construcción de edificaciones y
embarcaciones, carpintería de interior y exterior,
muebles, tornería, chapas decorativas.

Viabilidad: a pesar de que es una madera
moderadamente difícil para trabajar, ya sea con
herramientas de mano, o bien eléctricas, es
adecuada para tornería. Se adhiere bien.

Acabado: puede pulirse muy bien, en especial,
con un acabado al aceite.

Peso promedio en seco: 820 kg/m³

Haya americana
Fagus grandifolia

Otros nombres: haya roja,
haya blanca, haya de piedra,
haya de invierno.

Origen: Canadá, Estados Unidos.

Características del árbol:
Altura: 15 m; diámetro: 50 cm.

Características de la madera: la madera con
veta recta, un poco más gruesa y pesada que la
haya (*Fagus sylvatica*), tiene una resistencia
similar y buenas propiedades de curvado al vapor.
Es de color entre marrón claro y marrón rojizo,
con textura fina y pareja.

Usos comunes: ebanistería, carpintería de
interior, tornería, muebles de madera curvada.

Viabilidad: puede trabajarse bien con
herramientas de mano y eléctricas, a pesar de
que es propensa a quebrarse al tronzarla o utilizar
el taladro. Se adhiere bien.

Acabado: acepta tintes de manera adecuada y
puede pulirse para lograr un acabado delicado.

Peso promedio en seco: 740 kg/m³

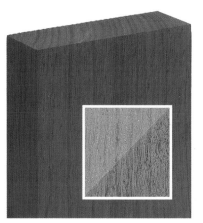

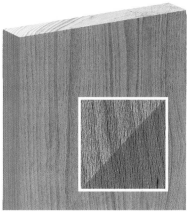

TIPOS DE MADERAS

Haya
Fagus sylvatica

Otros nombres:
haya europea.

Origen: Europa.

Características del árbol: altura: 45 m;
diámetro: 1,2 m.

Características de la madera: la madera con veta recta, de textura fina y pareja, presenta un color marrón blanquecino cuando está recién cortada y se oscurece hasta un marrón amarillento con la exposición al aire. Es una madera fuerte.

Usos comunes: carpintería de interior, ebanistería, tornería, muebles de madera curvada, madera terciada, chapas.

Viabilidad: puede trabajarse fácilmente con herramientas de mano y eléctricas, pero la facilidad del trabajo depende de la calidad y el secado. Se adhiere bien.

Acabado: acepta tintes de manera adecuada y puede pulirse para lograr un acabado delicado.

Peso promedio en seco: 720 kg/m^3

Fresno blanco
Fraxinus americana

Otros nombres:
fresno americano;
Canadian ash
(Reino Unido); *white ash*
(Estados Unidos).

Origen: Canadá,
Estados Unidos.

Características del árbol: altura: 18 m;
diámetro: 75 cm.

Características de la madera: la madera fuerte y resistente a los golpes presenta anillos porosos y un diseño característico. Posee veta gruesa, por lo general, recta.

Usos comunes: carpintería, construcción de embarcaciones, accesorios deportivos, mangos de herramientas, madera terciada, chapas.

Viabilidad: puede trabajarse bien con herramientas de mano y eléctricas y puede lograrse una superficie fina. Se adhiere bien.

Acabado: acepta tintes de manera adecuada y, con frecuencia, se aplica un acabado negro; puede lustrarse para lograr un acabado delicado.

Peso promedio en seco: 670 kg/m^3

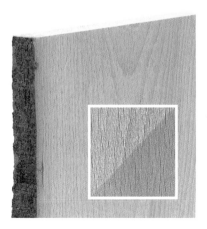

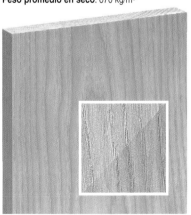

Fresno
Fraxinus excelsior

Otros nombres:
fresno común,
fresno europeo.

Origen: Europa.

Características del árbol:
altura: 30 m; entre 50 cm y
1,5 m de diámetro.

Características de la madera: esta madera dura
de veta recta y textura gruesa es flexible y
relativamente resistente a las rajaduras.

Usos comunes: accesorios deportivos y mangos
de herramientas, ebanistería, muebles de madera
curvada, construcción de embarcaciones,
carrocerías de vehículos, escalones.

Viabilidad: puede trabajarse bien con
herramientas de mano y eléctricas, y puede
lograrse un acabado de superficie fina. Se adhiere
bien.

Acabado: acepta tintes de manera adecuada y
puede pulirse para lograr un acabado satisfactorio.

Peso promedio en seco: 710 kg/m^3

Ramín
Gonystylus macrophyllum

Otros nombres: *Melawis* (Malasia);
ramón telur (Sarawak).

Origen: Sudeste de Asia.

Características del árbol: altura: 24 m;
diámetro: 60 cm.

Características de la madera: la madera de
textura moderadamente fina y pareja posee, por lo
general, veta recta, pero en algunas ocasiones la
veta está un poco entrelazada. Tanto la albura
como el duramen son de color marrón pálido. La
madera es perecedera y no resulta adecuada
para uso en exteriores.

Usos comunes: carpintería de interior, pisos,
muebles, fabricación de juguetes, tornería, tallas,
chapas.

Viabilidad: puede trabajarse bastante bien con
herramientas de mano y eléctricas. Se adhiere
bien.

Acabado: acepta tintes, pinturas y barnices de
manera adecuada y puede pulirse para lograr un
acabado satisfactorio.

Peso promedio en seco: 670 kg/m^3

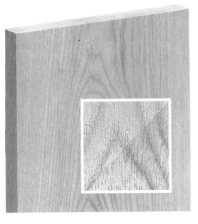

Lignum vitae
Guaiacum officinale

Otros nombres: guayacán; *ironwood* (Estados Unidos); *bois de gaiac* (Francia); guayacán (España); palo santo, guayacán negro (Cuba).

Origen: Antillas, América tropical.

Características del árbol: altura: 9 m; diámetro: 50 cm.

Características de la madera: esta madera con textura fina y uniforme es una de las maderas comercializadas más macizas y pesadas.

Usos comunes: cojinetes y poleas, mazos, tornería.

Viabilidad: es muy complicado serrarla y trabajarla con herramientas de mano o eléctricas, pero puede lograrse un acabado delicado utilizando un torno.

Acabado: se le puede dar brillo para lograr un acabado natural delicado.

Peso promedio en seco: 1.250 kg/m^3

Bubinga
Guibourtia demeusei

Otros nombres: African *rosewood*; *kevazingo* (Gabón); *essingang* (Camerún).

Origen: Camerún, Gabón, Zaire.

Características del árbol: altura: 30 m; diámetro: 1 m.

Características de la madera: la madera maciza y pesada tiene textura moderadamente gruesa y pareja. A pesar de que no es elástica, es bastante fuerte y duradera.

Usos comunes: muebles, tornería, chapas decorativas.

Viabilidad: a pesar de que puede trabajarse bien con herramientas de mano y eléctricas para lograr un acabado delicado, las herramientas deben estar afiladas.

Acabado: acepta tintes de manera adecuada y puede pulirse para lograr un acabado delicado.

Peso promedio en seco: 880 kg/m^3

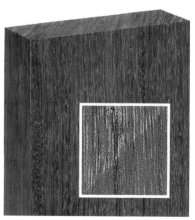

Palo de Brasil

Guilandina echinata

Otros nombres:
leño de Brasil.

Origen: Brasil.

Características del árbol:
este árbol entre pequeño y mediano produce troncos de hasta 20 cm de diámetro.

Características de la madera: la madera pesada y maciza es dura, elástica y muy duradera.

Usos comunes: madera para teñir, arcos de violines, carpintería de exterior, parquets, tornería, mangos de armas, chapas.

Viabilidad: puede trabajarse bastante bien con herramientas de mano y eléctricas si se encuentran afiladas. Además, se adhiere bien.

Acabado: puede pulirse la superficie para lograr un acabado muy delicado.

Peso promedio en seco: 1.280 kg/m^3

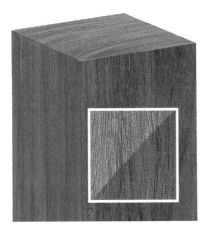

Nogal blanco

Juglans cinerea

Otros nombres: no posee.

Origen: Canadá, Estados Unidos.

Características del árbol:
altura: 15 m; diámetro: 75 cm.

Características de la madera: la madera con veta recta y textura gruesa es relativamente blanda y débil y no duradera. La figura se asemeja a la del nogal negro (*Juglans nigra*), pero el duramen, entre marrón y marrón oscuro, es de color más claro.

Usos comunes: muebles, carpintería de interior, tallas, chapas, cajas, cestas.

Viabilidad: puede trabajarse fácilmente con herramientas de mano y eléctricas si están afiladas. Se adhiere bien.

Acabado: acepta tintes de manera adecuada y puede pulirse para lograr un acabado delicado.

Peso promedio en seco: 450 kg/m^3

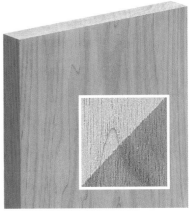

TIPOS DE MADERAS

55

Nogal negro
Juglans nigra

Otros nombres:
nogal americano.

Origen: Estados Unidos,
Canadá.

Características del árbol: altura: 30 m;
diámetro: 1,5 m.

Características de la madera: La madera dura,
moderadamente duradera, presenta una textura
pareja pero gruesa. Por lo general, la veta es
recta, pero puede ser ondulada.

Usos comunes: muebles, instrumentos
musicales, carpintería de interior, mangos de
armas, tornería, tallas, madera terciada, chapas.

Viabilidad: puede trabajarse bien con
herramientas de mano y eléctricas. Se adhiere
bien.

Acabado: puede pulirse para lograr un acabado
delicado.

Peso promedio en seco: 660 kg/m³

Nogal
Juglans regia

Otros nombres:
nogal común.

Origen: Europa,
Asia Menor,
Sudoeste de Asia.

Características del árbol: altura: 30 m.
El diámetro promedio del tronco es de 1 m.

Características de la madera: la madera
moderadamente duradera posee una textura
bastante gruesa, con veta entre recta y ondulada.
Por lo general, es de color marrón grisáceo con
rayas más oscuras.

Usos comunes: muebles, carpintería de interior,
mangos de armas, tornería, tallas, chapas.

Viabilidad: puede trabajarse bien con
herramientas de mano y eléctricas, y se adhiere
de manera satisfactoria.

Acabado: puede pulirse para lograr un acabado
delicado.

Peso promedio en seco: 670 kg/m³

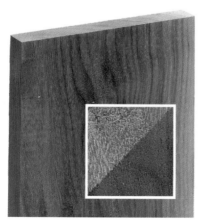

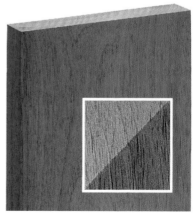

Tulípero de Virginia

Liriodendron tulipifera

Otros nombres:
tulipero americano;
Canary whitewood
(Reino Unido);
yellow poplar,
American poplar (Estados Unidos).

Origen: este de los Estados Unidos, Canadá.

Características del árbol: altura: 37 m; diámetro: 2 m.

Características de la madera: la madera con veta recta de textura fina es bastante blanda y liviana. No es duradera y no debe utilizarse en contacto con el suelo.

Usos comunes: construcciones livianas, carpintería de interior, fabricación de juguetes, muebles, tallas, madera terciada, chapas.

Viabilidad: puede trabajarse fácilmente con herramientas de mano y eléctricas.

Acabado: acepta tintes, pinturas y barnices de manera adecuada. También puede pulirse bien.

Peso promedio en seco: 510 kg/m^3

Balsa

Ochroma lagopus

Otros nombres: guano
(Puerto Rico, Honduras);
topa (Perú); lanero (Cuba); tami (Bolivia);
polar (Belice, Nicaragua).

Origen: América del Sur, América Central, Las Antillas.

Características del árbol: altura: 21 m; diámetro: 60 cm. Alcanza su madurez entre los 12 y los 15 años.

Características de la madera: la madera lustrosa con veta recta de textura abierta es la madera maciza comercializada más liviana.

Usos comunes: aislaciones, equipos para flotar, modelismo, embalaje para artículos delicados.

Viabilidad: si las herramientas están afiladas para evitar quiebres o desgarros, puede trabajarse y lijarse con facilidad. Se adhiere bien.

Acabado: acepta tintes, pinturas y productos para pulir de manera satisfactoria.

Peso promedio en seco: 160 kg/m^3

Palo morado
Peltogyne spp.

Otros nombres:
amaranto; *Amaranth*
(Estados Unidos); *pau roxo,*
amarante (Brasil); *purplehart*
(Surinam); *saka, koroboreli,*
sakavalli (Guyana).

Origen: América Central, América del Sur.

Características del árbol: altura: 50 m;
diámetro: 1 m.

Características de la madera: la madera es
duradera, fuerte y elástica. Tiene una textura
uniforme entre fina y media.

Usos comunes: construcción de edificaciones y
embarcaciones, muebles, tornería, pisos, chapas.

Viabilidad: puede trabajarse bien aunque las
herramientas deben estar afiladas.

Acabado: acepta tintes de manera adecuada y
puede pulirse con cera.

Peso promedio en seco: 880 kg/m^3

Afrormosia
Pericopsis elata

Otros nombres: *Assemela*
(Costa de Marfil, Francia);
kokrodua (Gana, Costa de Marfil);
ayin, egbi (Nigeria).

Origen: África occidental.

Características del árbol: altura: 45 m;
diámetro: 1 m.

Características de la madera: el duramen marrón
amarillento de esta madera duradera se oscurece
hasta adquirir el color de la teca (*Teutona grandis*).
No obstante, la veta entre recta y entrelazada tiene
una textura más fina que la teca.

Usos comunes: chapas, carpintería y muebles de
interior y exterior, construcción de edificaciones y
de embarcaciones.

Viabilidad: si se toman precauciones con la veta
entrelazada, la madera se puede serrar de
manera adecuada y cepillar para lograr un
acabado suave. Se adhiere bien.

Acabado: puede pulirse para lograr un acabado
delicado.

Peso promedio en seco: 710 kg/m^3

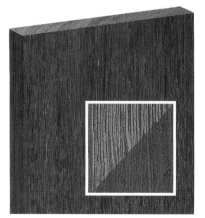

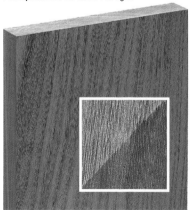

Plátano
Platanus acerifolia

Otros nombres: plátano de sombra.

Origen: Europa.

Características del árbol: este árbol puede identificarse con facilidad por su corteza escamada y moteada y puede encontrarse en ciudades dada su tolerancia a la contaminación. Altura: 30 m; diámetro: 1 m.

Características de la madera: la madera con veta recta y textura entre fina y media es perecedera y no resulta adecuada para uso en exteriores.

Usos comunes: carpintería, muebles, tornería, chapas.

Viabilidad: puede trabajarse bien con herramientas de mano y eléctricas.

Acabado: acepta tintes y productos para pulir de manera satisfactoria.

Peso promedio en seco: 640 kg/m^3

Sicómoro americano
Platanus occidentalis

Otros nombres: plátano americano; *Buttonwood* (Estados Unidos); *American plane* (Reino Unido).

Origen: Estados Unidos.

Características del árbol: altura: 53 m; diámetro: 6 m.

Características de la madera: la madera marrón pálido con textura fina y pareja es perecedera y no resulta adecuada para uso en exteriores. Por lo general, presenta una veta recta y los radios más oscuros característicos producen una madera abigarrada cuando se sierra en cuartos. Desde el punto de vista de la botánica es un plátano, pero la madera es más liviana que la del plátano de sombra.

Usos comunes: carpintería, puertas, muebles, paneles, chapas.

Viabilidad: puede trabajarse bien con herramientas de mano y eléctricas, y se adhiere bien.

Acabado: acepta tintes y productos para pulir de manera satisfactoria.

Peso promedio en seco: 560 kg/m^3

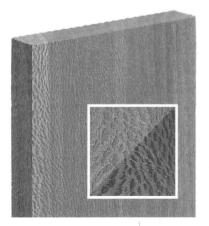

Cerezo negro
Prunus serotina

Otros nombres:
cerezo del ron; cerezo salvaje;
Cabinet cherry (Canadá).

Origen: Canadá, Estados Unidos.

Características del árbol: altura: 21 m;
diámetro: 50 cm.

Características de la madera: la madera
duradera posee veta recta y textura fina; es
maciza y moderadamente fuerte, y puede ser
curvada al vapor. La albura angosta es de color
rosado mientras que el duramen es entre marrón
rojizo y rojo intenso con manchas marrones y
algunas bolsas de resina.

Usos comunes: muebles, diseños, carpintería,
tornería, instrumentos musicales, pipas, chapas.

Viabilidad: puede trabajarse bien con
herramientas de mano y eléctricas y se adhiere
bien.

Acabado: acepta tintes de manera adecuada y
puede pulirse para lograr un acabado delicado.

Peso promedio en seco: 580 kg/m^3

Padouk
*Pterocarpus
soyauxii*

Otros nombres:
coral africano, palo rojo.

Origen: África occidental.

Características del árbol: altura: 30 m;
diámetro: 1 m.

Características de la madera: la madera maciza
y pesada posee veta entre recta y entrelazada y
textura moderadamente gruesa. La albura de color
beige pálido puede tener 20 cm de grosor; el
duramen es muy duradero y de color entre rojo y
marrón violáceo, con rayas rojas.

Usos comunes: carpintería de interior, muebles,
pisos, tornería, manijas. También se utiliza como
madera para teñir.

Viabilidad: puede trabajarse bien con
herramientas de mano y las herramientas
eléctricas permiten obtener un acabado delicado.
Se adhiere bien.

Acabado: puede pulirse para lograr un acabado
delicado.

Peso promedio en seco: 710 kg/m^3

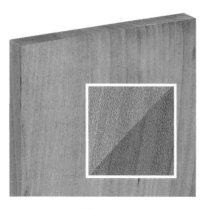

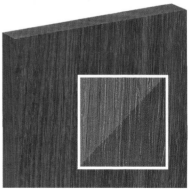

Roble blanco americano

Quercus alba

Otros nombres:
roble blanco;
white oak
(Estados Unidos).

Origen: Estados Unidos, Canadá.

Características del árbol: altura: 30 m; diámetro: 1 m.

Características de la madera: la madera con veta recta es similar a la del roble albar (*Quercus robur*), pero presenta colores más variados.

Usos comunes: construcción, carpintería de interior, muebles, pisos, madera terciada, chapas.

Viabilidad: puede trabajarse fácilmente con herramientas de mano y eléctricas y se adhiere de manera satisfactoria.

Acabado: acepta tintes de manera adecuada y puede pulirse para lograr un buen acabado.

Peso promedio en seco: 770 kg/m³

Roble japonés

Quercus mongolica

Otros nombres: ohnara.

Origen: Japón.

Características del árbol: altura: 30 m; diámetro: 1 m.

Características de la madera: la textura gruesa de esta madera de veta recta es más suave que la del roble blanco americano y el roble albar ya que la velocidad de crecimiento es más lenta y pareja. Es de color marrón amarillento claro en su totalidad. Es una madera adecuada para curvado al vapor y, por lo general, no presenta nudos.

Usos comunes: carpintería de interior y exterior, construcción de embarcaciones, muebles, paneles, pisos, chapas.

Viabilidad: en comparación con otros robles blancos, puede trabajarse fácilmente con herramientas de mano y eléctricas. Se adhiere bien.

Acabado: acepta tintes y puede pulirse muy bien.

Peso promedio en seco: 670 kg/m³

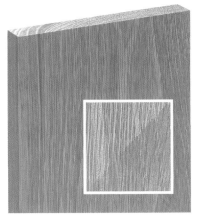

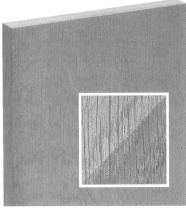

Roble albar

Quercus robur
Q. petraea

Otros nombres:
no posee.

Origen: Europa,
Asia Menor, África
Septentrional.

Características del árbol: altura: 30 m;
diámetro: 2 m.

Características de la madera: la madera con
textura gruesa posee veta recta y anillo de
crecimiento característicos.

Usos comunes: carpintería y trabajos en madera
de exterior, muebles, pisos, construcción de
embarcaciones, tallas, chapas.

Viabilidad: puede trabajarse fácilmente con
herramientas de mano y eléctricas. Se adhiere
bien.

Acabado: pueden utilizarse un tratamiento con
cal, tintes y ahumados, y puede pulirse para lograr
un buen acabado.

Peso promedio en seco: 720 kg/m³

Roble rojo americano

Quercus rubra

Otros nombres:
roble americano.

Origen: Canadá,
Estados Unidos.

Características del árbol: altura: 21 m;
diámetro: 1 m.

Características de la madera: la madera no
duradera presenta una veta recta y una textura
gruesa a pesar de que puede variar de acuerdo
con la velocidad de crecimiento. Es adecuada
para curvado al vapor.

Usos comunes: carpintería y pisos de interior,
muebles, madera terciada, chapas decorativas.

Viabilidad: puede trabajarse fácilmente con
herramientas de mano y eléctricas, y se adhiere
de manera satisfactoria.

Acabado: acepta tintes de manera adecuada y
puede pulirse para lograr un buen acabado.

Peso promedio en seco: 790 kg/m³

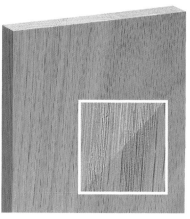

TIPOS DE MADERAS

Lauán rojo
Shorea negrosensis

Otros nombres: no posee.

Origen: Filipinas.

Características del árbol:
altura: 50 m; diámetro: 2 m.

Características de la madera: la madera es moderadamente duradera, con veta entrelazada y una textura relativamente gruesa. Puede apreciarse una figura de vetas con forma de cintas en las tablas serradas en cuartos.

Usos comunes: carpintería de interior, muebles, construcción de embarcaciones, chapas, cajas.

Viabilidad: puede trabajarse fácilmente con herramientas de mano y eléctricas, pero es necesario tomar precauciones para no desgarrar la superficie de la madera durante el cepillado. Se adhiere bien.

Acabado: acepta tintes de manera adecuada y puede barnizarse y pulirse para lograr un buen acabado.

Peso promedio en seco: 630 kg/m^3

Caoba
Swietenia macrophylla

Otros nombres: no posee.

Origen: América Central, América del Sur.

Características del árbol: altura: 45 m; diámetro: 2 m.

Características de la madera: la madera duradera por naturaleza posee una textura media, con veta, ya sea recta y pareja o bien entrelazada. La albura de color amarillo blanquecino contrasta con el duramen, de color entre marrón rojizo y rojo intenso.

Usos comunes: paneles de interior, carpintería, entablonado para embarcaciones, muebles, pianos, tallas, chapas decorativas.

Viabilidad: puede trabajarse bien con herramientas de mano y eléctricas.

Acabado: acepta tintes de manera adecuada y puede pulirse para lograr un acabado delicado cuando se rellena la veta.

Peso promedio en seco: 560 kg/m^3

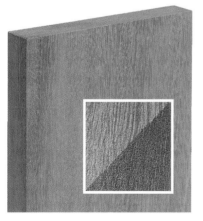

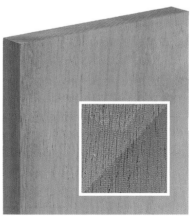

Teca

Tectona grandis

Otros nombres: kyun, sagwan, teku, teka.

Origen: Asia meridional, sudeste de Asia, África, el Caribe.

Características del árbol: altura: 45 m; diámetro: 1, 5 m.

Características de la madera: la madera fuerte y muy duradera posee textura gruesa y despareja, grasosa al tacto.

Usos comunes: carpintería de interior y exterior, construcción de embarcaciones, tornería, muebles de exterior, madera terciada, chapas.

Viabilidad: puede trabajarse bien con herramientas de mano y eléctricas, pero las herramientas se desafilan con rapidez. Las superficies recién preparadas se adhieren bien.

Acabado: acepta tintes, barnices y productos para pulir y puede aplicarse un acabado al aceite.

Peso promedio en seco: 640 kg/m^3

Tilo americano

Tilia americana

Otros nombres: no posee.

Origen: Estados Unidos, Canadá.

Características del árbol: altura: 20 m; diámetro: 60 cm.

Características de la madera: la madera con veta recta presenta una textura fina y pareja. Esta madera blanda y débil es de color crema cuando está recién cortada y se torna marrón pálido con la exposición al aire, con un pequeño contraste entre la madera tardía y la madera temprana.

Usos comunes: tallas, tornería, carpintería, diseños, teclas de pianos, tableros de dibujo, madera terciada.

Viabilidad: puede trabajarse fácilmente y es posible efectuar cortes limpios con herramientas de mano y eléctricas. Puede lograrse un acabado de superficie fina. Se adhiere bien.

Acabado: acepta tintes de manera adecuada y puede pulirse para lograr un acabado delicado.

Peso promedio en seco: 416 kg/m^3

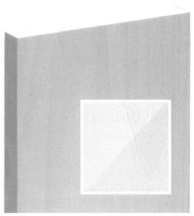

Tilo común

Tilia vulgaris

Otros nombres:
Linden (Alemania)

Origen: Europa.

Características del árbol:
puede alcanzar una altura superior a los 30 m, con un tronco de aproximadamente 1, 2 m de diámetro.

Características de la madera: la madera con veta recta posee una textura fina y uniforme. A pesar de ser blanda, es fuerte y resistente a las rajaduras, por lo cual resulta adecuada para tallas.

Usos comunes: tallas, tornería, fabricación de juguetes, palos de escoba, hormas para sombreros, arpas, teclas y martillos para pianos.

Viabilidad: puede trabajarse fácilmente con herramientas de mano y eléctricas, siempre que se encuentren afiladas. Se adhiere bien.

Acabado: acepta tintes de manera adecuada y puede pulirse para lograr un acabado delicado.

Peso promedio en seco: 560 kg/m^3

Obeche

Triplochiton scleroxylon

Otros nombres: *Ayous* (Camerún); *wawa* (Gana); *obechi*, *arere* (Nigeria); *samba*, *wawa* (Costa de Marfil).

Origen: África occidental.

Características del árbol: altura: 45 m; diámetro: 1,5 m.

Características de la madera: la madera con textura fina y pareja es liviana y no duradera. La veta puede ser recta o entrelazada. Hay un pequeño contraste entre la albura y el duramen.

Usos comunes: carpintería de interior, muebles, revestimientos para cajones, madera terciada, modelismo.

Viabilidad: si las herramientas están afiladas, la madera blanda puede trabajarse fácilmente con herramientas de mano y eléctricas. Se adhiere bien.

Acabado: acepta tintes y productos para pulir de manera adecuada.

Peso promedio en seco: 390 kg/m^3

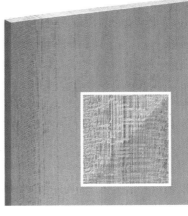

Olmo americano

Ulmus americana

Otros nombres:
olmo blanco,
olmo blanco americano;
*water elm, swamp elm,
soft elm* (Estados Unidos);
orhamwood (Canadá).

Origen: Canadá, Estados Unidos.

Características del árbol: altura: 27 m; diámetro: 50 cm.

Características de la madera: la madera con textura gruesa no es duradera. Es fuerte y adecuada para curvado al vapor.

Usos comunes: construcción de embarcaciones, accesorios agrícolas, tonelería, muebles, chapas.

Viabilidad: si las herramientas están afiladas, puede trabajarse fácilmente con herramientas de mano y eléctricas. Se adhiere satisfactoriamente.

Acabado: acepta tintes y productos para pulir de manera satisfactoria.

Peso promedio en seco: 580 kg/m^3

Olmo holandés y olmo común

*Ulmus hollandica/
U. procera*

Otros nombres:
Olmo común: olmo inglés.
Olmo holandés: no posee.

Origen: Europa.

Características del árbol: altura: 45 m; hasta 2,5 m de diámetro.

Características de la madera: la madera con textura gruesa tiene duramen de color marrón claro y anillos de crecimiento irregulares característicos. Presenta un diseño atractivo cuando se sierra en forma tangencial.

Usos comunes: ebanistería, asientos y respaldos de sillas Windsor, construcción de embarcaciones, tornería, chapas.

Viabilidad: la madera que presenta veta irregular puede ser difícil de trabajar.

Acabado: acepta tintes y productos para pulir de manera adecuada y es en especial apropiada para acabados con la cera.

Peso promedio en seco: 560 kg/m^3

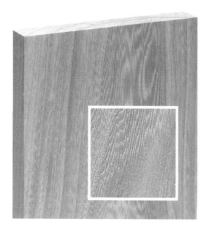

Madera terciada

La madera terciada se fabrica con láminas delgadas de madera, denominadas chapas o laminados de construcción. Están adheridas a 90 grados, entre sí, para formar una tabla fuerte y estable; se utilizan números impares de capas para asegurar que la veta corra en el mismo sentido en la parte superior y en la inferior.

Fabricación

Se utiliza una amplia variedad de especies de madera, tanto macizas como blandas, para fabricar madera terciada. Las chapas se pueden dividir por corte o corte rotativo, en el caso de maderas blandas. Este último método es el más común.

Un tronco descortezado se convierte en una lámina continua de chapa de un grosor de entre 1,5 y 6 mm. La lámina se desbasta al tamaño requerido, luego se elige y se seca bajo condiciones controladas antes de ser clasificada como chapa de frente vista o interior. Las chapas defectuosas se emparchan y las chapas de núcleo angostas se cosen o encolan por puntos, unas con otras, antes del laminado.

Las láminas preparadas se colocan formando un sándwich encolado y se prensan por calor. La cantidad depende del tipo y grosor de madera terciada requerida.

DATOS ÚTILES

Tamaños estándares
La madera terciada se comercializa en una amplia variedad de tamaños. El grosor de la mayoría de las maderas terciadas disponibles varía entre 3 mm y 3 cm, con aumentos de alrededor de 3 mm. Existen proveedores especializados que comercializan madera terciada más delgada para "aeronaves".

▼ Diferentes tipos de madera terciada (de izquierda a derecha): seis chapas; dos láminas de multichapa, madera terciada para cajones; tres chapas; madera terciada decorativa.

TIPOS DE MADERAS

67

▲ Madera de abedul plateado para fabricación de madera terciada.

Luego, las tablas se desbastan al tamaño requerido y, con frecuencia, se lijan hasta obtener tolerancias finas de ambos lados.

Usos de la madera terciada

El rendimiento de la madera terciada se determina no sólo sobre la base de la calidad de las chapas sino también del tipo de adhesivo utilizado en su fabricación. Los fabricantes principales prueban sus productos de manera rigurosa, tomando muestras de partidas a través de una serie de pruebas que exceden los requerimientos de servicio. La cola de las clasificaciones para exterior es más resistente que la madera misma y los paneles fabricados con colas de formaldehído deben cumplir con una norma que regula las emisiones de este compuesto.

Las maderas terciadas pueden agruparse según el uso. Los tipos incluyen: maderas terciadas de interior (INT), utilizadas para aplicaciones no estructurales de interior; maderas terciadas de exterior (EXT), que pueden utilizarse en condiciones de exposición total o parcial, de acuerdo con la calidad del adhesivo; terciados marinos para construcción de embarcaciones; y maderas clasificadas estructurales o de ingeniería para aplicaciones donde la resistencia y durabilidad son los principales aspectos a considerar.

CLASIFICACIÓN SEGÚN EL ASPECTO

Los productores de madera terciada utilizan un sistema de codificación para clasificar la calidad del aspecto de las chapas de frente vista utilizadas para las tablas. Las letras no se refieren al rendimiento estructural.

Los sistemas típicos para tablas de madera blanda utilizan las letras A, B, C, C emparchada y D. La clasificación A es la mejor calidad, de corte suave y virtualmente libre de defectos; D es la clasificación de menor calidad, y tiene una cantidad máxima de defectos permitidos, como nudos, orificios, rajaduras y decoloración. La madera terciada de clasificación A-A tiene dos caras buenas, a diferencia de las otras.

Sellos de calidad

Las tablas con chapas de clasificación A o B de un solo lado poseen un sello en la parte posterior; las clasificaciones A o B en ambas caras llevan el sello en el extremo del panel.

APA

A-C   GROUP 1

EXTERIOR

000

PS 1-83

▲ Sello aplicado en la cara posterior.

| A-B · G-1 · EXT-APA · 000 · PS1-83 |

▲ Sello aplicado en el extremo.

Tableros alistonados y laminados

Los tableros alistonados son una clase de madera terciada dado que poseen una construcción laminada. Se diferencian de la madera terciada tradicional porque el centro está construido con fajas de madera blanda cortadas en secciones casi rectas.

El material rígido es adecuado para aplicaciones en muebles, en especial estanterías y tapas de mesas. Es un buen sustrato para el trabajo con chapas a pesar de que las fajas del núcleo se pueden "transparentar". Se fabrican en paneles de tamaño similar a la madera terciada, con un grosor comprendido entre 1,2 cm y 2,5 cm. Las tablas de tres chapas se fabrican de hasta 4,4 cm de grosor.

Laminados

Los laminados son similares a los tableros alistonados, pero el centro está construido con fajas angostas de madera blanda, cada una de 0,5 cm de grosor, con frecuencia adheridas entre sí. Al igual que los tableros alistonados, los laminados se construyen tanto de tres chapas como de cinco chapas. Su mayor contenido adhesivo hace que el tablero laminado sea más denso y pesado que el tablero alistonado.

Dado que resulta menos probable que el centro se "transparente", es superior al tablero alistonado para trabajos con chapas. También es más costoso. Se fabrican tableros de tres y cinco chapas. En el caso de este último, cada par de chapas delgadas externas puede disponerse en forma perpendicular al centro. En forma alternativa, la chapa de frente vista sólo se alinea con las fajas del centro.

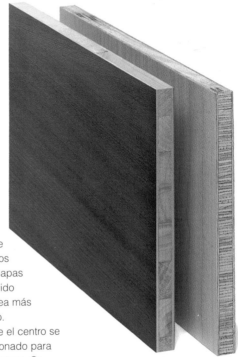

▲ Tablero alistonado (izquierda) y laminado (derecha).

▶ Tableros de fibra de madera prensada

Los tableros de fibra de madera prensada están fabricados con madera que fue desglosada hasta obtener sus fibras básicas y reconstituida para crear un material estable y homogéneo. La densidad de los tableros depende de la presión aplicada y del tipo de adhesivo utilizado en el proceso de fabricación.

Tableros macizos

El tablero macizo es de fibra de alta densidad y está fabricado con fibras húmedas prensadas a alta temperatura y presión. Las resinas naturales en las fibras son utilizadas para adherirlas.

El tablero macizo estándar tiene una cara lisa y otra texturada. Se fabrica en diversos grosores, más comúnmente de entre 3 y 6 mm, y en una amplia variedad de tamaños de paneles. Es un material poco costoso que se utiliza, por lo general, para bases de cajones y partes posteriores de armarios. Los tableros macizos con dos caras se fabrican con el mismo material que los tableros estándar, pero presentan dos caras lisas.

Los tableros macizos decorativos se comercializan como tableros perforados, moldeados o laqueados. Los tipos perforados se utilizan para pantallas y los demás, como paneles para paredes.

▼ **Tableros macizos**

1 Templado al aceite
2 Estándar
3 Laqueado
4 Perforado

1   2   3   4

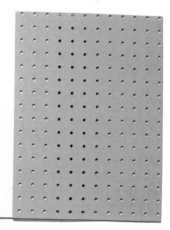

| 1 | 2 | 3 | 4 | 5 |

Los tableros templados al aceite se impregnan con resina y aceite para producir un fuerte material resistente a la abrasión que es, además, resistente al agua.

Fibra de madera prensada de media densidad (MDF)

La fibra de madera prensada de media densidad se fabrica por medio de la combinación de fibras delgadas de madera con resinas. La mezcla se compacta en una prensa caliente y el producto final presenta una textura lisa y uniforme. La MDF se puede cortar, cepillar y moldear con facilidad, y la superficie acepta tintes, pinturas o barnices. Por lo general, el grosor está comprendido entre 3 mm y 3 cm.

La MDF estándar es ideal para carpintería de interior, como módulos de habitaciones. Los tableros resistentes a la humedad son más adecuados para las condiciones que se presentan en cocinas o baños. La MDF coloreada puede utilizarse para fabricar muebles y juguetes para niños. Para pantallas y revestimientos para radiadores, se comercializan paneles de MDF con orificios en una variedad de diseños modernos y tradicionales. Los proveedores especializados en paneles ofrecen MDF flexible con un lado corrugado para permitir que el tablero pueda formar componentes curvos y con forma de S.

▲ **Fibra de madera prensada de media densidad (MDF)**
1 Flexible
2 Estándar
3 Coloreada
4 Perforada
5 Enchapada

DATOS ÚTILES

Almacenamiento de tableros

Para ahorrar espacio, los tableros sintéticos deben guardarse en forma vertical. Un *rack* mantendrá los bordes aislados del piso y sujetará los tableros en un leve ángulo. Para evitar el curvado de los tableros delgados, se recomienda apoyarlos sobre un tablero más grueso.

TIPOS DE MADERAS

71

▶ Tableros de partículas

Los tableros de partículas de madera se fabrican con pequeñas astillas o virutas adheridas por presión. Por lo general, se utilizan maderas blandas, a pesar de que puede incluirse una cierta proporción de maderas macizas. Se fabrican diversos tipos de tableros.

La producción de tableros de partículas es un proceso automatizado altamente controlado. La madera se convierte en partículas del tamaño requerido mediante el uso de máquinas astilladoras. Luego del secado, las partículas se rocían con resinas aglomerantes y se esparcen hasta lograr el grosor requerido, con la veta en el mismo sentido. Esta "alfombra" se prensa por calor a alta presión hasta obtener el grosor deseado y luego se efectúa el curado. Los tableros fríos se desbastan al tamaño necesario y se lijan.

Los tableros de partículas son estables y uniformes. Los tipos de tableros de partículas más utilizados por los carpinteros son aquellos de calidad interior, que se conocen comúnmente como aglomerado.

▼ Tableros de partículas

1 Aglomerado monocapa
2 Aglomerado tricapa
3 Aglomerado con graduación de densida
4 Aglomerado decorativo
5 Aglomerado de fibra orientada
6 Tablero de virutas

Trabajo con tablas sintéticas

A pesar de que las tablas sintéticas son relativamente fáciles de cortar con herramientas de mano y eléctricas, el contenido de resina de las tablas puede desafilarlas con rapidez.

Las tablas pueden resultar incómodas de manipular debido a su tamaño, peso o flexibilidad. Cortar una tabla en porciones más pequeñas requiere espacio libre y un apoyo adecuado.

Corte con herramientas eléctricas

Las herramientas eléctricas de alta velocidad y de corte limpio le brindarán los mejores resultados para cortar tablas sintéticas, pero se desafilarán con rapidez durante el proceso. Puede utilizarse una sierra universal con dientes de carburo de tungsteno para cortar una gran extensión de tabla.

▲ Apoye la tabla sobre un banco y sujétela cerca de la línea de corte. Es posible que necesite ayuda para cortar tablas de gran tamaño.

Corte con herramientas de mano

Debe utilizarse un serrucho de mano de dientes finos de entre 10 y 12 puntos por pulgada para serrar a mano; puede utilizarse una sierra de vaina para trabajos de menor tamaño. En cualquiera de los casos, la sierra o serrucho debe sostenerse a un ángulo relativamente llano. Para evitar que se quiebre la superficie cuando se desgarran las fibras o el laminado, todas las líneas de corte deben trazarse con un cúter afilado.

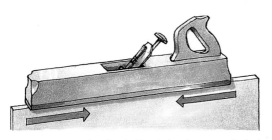

▲ Cepille los bordes de las tablas sintéticas desde ambos extremos hacia el centro, para evitar quebrar el centro.

¿Quiere saber más?

Pase al siguiente nivel...

Remítase a...
- **Tintes y tinturas** -páginas 165-171
- **Barnices y lacas** -páginas 172-176
- **Acabados al aceite** -páginas 181-183

Otras fuentes
- **Asociaciones**
En algunas regiones hay asociaciones que proporcionan información a aquellos interesados en la tornería.
- **Libros y revistas**
Recorra su librería amiga y encontrará diversas fuentes que le serán de ayuda.

Técnicas y

herramientas

La buena carpintería se relaciona tanto con el uso de las herramientas adecuadas como con la elección de la madera correcta. Hoy en día, existe una amplia variedad, desde herramientas de mano tradicionales, que casi no cambian desde hace siglos, hasta máquinas de alta tecnología y herramientas eléctricas.

▶ Reglas y cintas métricas

Es aconsejable utilizar la misma regla o cinta métrica para trazar un proyecto, en caso de que exista alguna variación entre una herramienta y otra. Es útil comprar reglas y cintas métricas que ofrezcan los dos sistemas de medición, tanto en centímetros como en pulgadas.

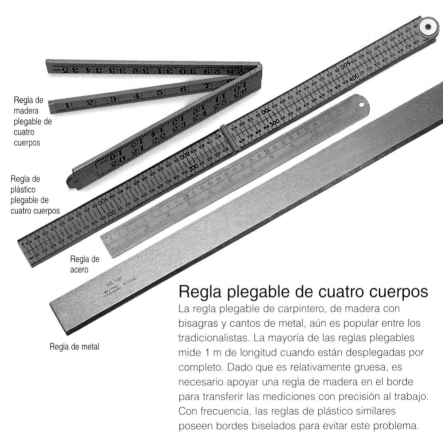

Regla de madera plegable de cuatro cuerpos

Regla de plástico plegable de cuatro cuerpos

Regla de acero

Regla de metal

Regla plegable de cuatro cuerpos

La regla plegable de carpintero, de madera con bisagras y cantos de metal, aún es popular entre los tradicionalistas. La mayoría de las reglas plegables mide 1 m de longitud cuando están desplegadas por completo. Dado que es relativamente gruesa, es necesario apoyar una regla de madera en el borde para transferir las mediciones con precisión al trabajo. Con frecuencia, las reglas de plástico similares poseen bordes biselados para evitar este problema.

Regla de acero

Una regla de acero inoxidable de 30 cm resulta útil para el trazado de pequeñas piezas y para fijar graniles simples y vallas de herramientas eléctricas.

Regla de metal

Todo taller necesita al menos una regla de metal macizo que mida entre 50 cm y 2 m de largo. Una regla biselada es ideal para efectuar cortes precisos con un cúter de trazado y para controlar que una superficie cepillada sea perfectamente plana. Algunas reglas presentan grabadas las dos graduaciones métricas, en centímetros y en pulgadas.

Cinta métrica

Las cintas métricas retráctiles, que miden entre 2 y 5 m de largo, poseen graduaciones a lo largo de ambos bordes. Una traba evita que la cinta se retraiga automáticamente. Con frecuencia, se venden repuestos para reemplazar cintas dañadas.

Algunas cintas métricas incorporan un visor de cristal líquido que informa cuánto se extendió la cinta desde la caja; una memoria incorporada almacena la medición cuando la cinta es retraída.

Pueden adquirirse cintas métricas autoadhesivas de acero sin caja para pegar a lo largo del borde frontal de un banco de carpintería.

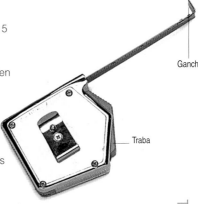

Gancho

Traba

▲ Cinta métrica retráctil

Reglas con gancho

Para que resulte más sencillo efectuar mediciones precisas desde el borde de una pieza, utilice una regla de acero con un gancho incorporado en un extremo.

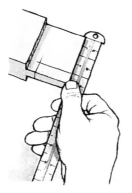

DATOS ÚTILES

A nivel

Un nivel de agua es un elemento de valor incalculable para su colección de cintas y metros. Los niveles de agua funcionan como bordes rígidos y rectos muy buenos y la mayoría presenta, hoy en día, graduaciones en ambos sistemas métricos. Por supuesto, pueden utilizarse además para controlar niveles.

Técnicas de medición

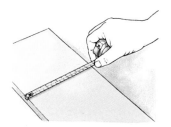

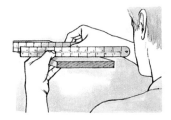

Medición de borde a borde

Cuando efectúe mediciones externas con una cinta métrica, enganche el extremo por encima del borde de la pieza y lea la dimensión contra el borde opuesto.

Control de abarquillamiento

Si sospecha que la tabla presenta un retorcimiento o "enrollamiento", sostenga una regla de acero en cada extremo; si las reglas parecen encontrarse en posición paralela, la tabla es plana.

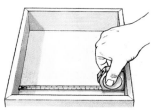

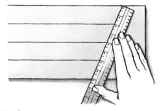

Mediciones internas

Al efectuar una medición entre dos componentes, lea la dimensión hasta donde la cinta se introduce en la caja y luego sume la longitud de la caja para obtener la medición real.

División en partes iguales

Puede dividir una pieza en partes iguales con cualquier regla o cinta métrica. Utilice un lápiz para trazar las divisiones entre las líneas de la regla para medir mitades, cuartos, tercios, etc.

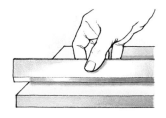

Varillas de medición

Sujete dos varillas, una junto a la otra. Dibuje una marca a través de ambas varillas para registrar sus posiciones relativas. Luego, sin soltarlas, transfiera las mediciones al trabajo.

Control de una superficie plana

Para controlar que un panel es plano, coloque una regla sobre la superficie. Una protuberancia hará que la regla se balancee; las luces por debajo de la regla indican hendiduras.

Escuadras

Los carpinteros utilizan escuadras comunes y escuadras deslizables para trazar piezas y para controlar la precisión de componentes individuales y montajes.

Cartabón

Los cartabones más finos, utilizados para trazar y controlar ángulos rectos, poseen una hoja de metal de acero azulado remachada a 90 grados a un listón de palo de rosa con bordes de metal. Un cartabón con una hoja de 30 cm es el mejor para carpintería en general.

Cartabón de inglete

Se utiliza para trazar y controlar la precisión de las juntas de inglete. La hoja de un cartabón de inglete especial se ubica a 45 grados del listón.

Escuadra deslizable

Una escuadra deslizable puede utilizarse para trazar o controlar cualquier ángulo, con la hoja ajustable sujeta con una palanca corta de metal o una tuerca de mariposa.

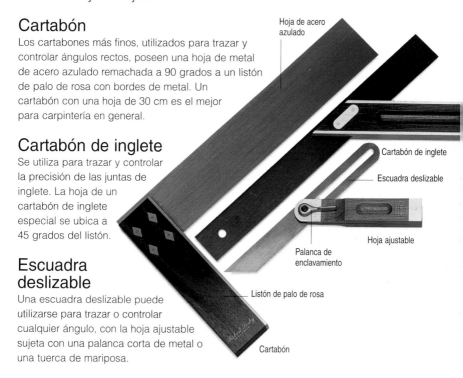

Hoja de acero azulado

Cartabón de inglete

Escuadra deslizable

Hoja ajustable

Palanca de enclavamiento

Listón de palo de rosa

Cartabón

Escuadras combinadas

A pesar de que el cartabón y el cartabón de inglete especiales resultan más precisos, puede adquirirse una escuadra combinada que será útil para ambas funciones. Algunos cartabones se fabrican con la esquina superior interna del listón cortada a 45 grados para trazar biseles, pero una escuadra combinada de metal con una hoja deslizable de 30 cm es mucho más versátil. Una tuerca moleteada traba la hoja en posición y la mayoría de los modelos posee un nivel de agua incorporado en el listón o el cabezal.

▲ Uso de una escuadra combinada.

Uso de escuadras

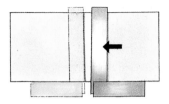

Control de un cartabón

Dibuje una línea en ángulo recto con el borde de una pieza, gire el cartabón sobre sí y deslice la hoja hacia arriba hasta la línea trazada. La hoja y la marca del lápiz se alinearán en forma correcta si el cartabón es preciso.

Fijación de una escuadra deslizable

Afloje la palanca de enclavamiento sólo lo suficiente como para que la hoja se deslice; fije el ángulo requerido contra un transportador y luego, vuelva a ajustar la palanca.

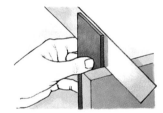

Trazado con un cartabón

Marque ángulos rectos con un cartabón y un lápiz. Coloque la punta del cúter sobre la línea en lápiz y deslice el cartabón hacia arriba hasta el lado plano de la hoja. Sujete el cartabón con firmeza contra el borde de la cara, trace la línea con cuidado con el cúter para indicar la posición de corte.

Control de un cartabón de inglete o escuadra deslizable

Coloque la herramienta por encima de la cara biselada de una pieza. Deslícela a lo largo de la cara biselada para controlar que el ángulo sea preciso a través de la pieza.

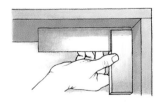

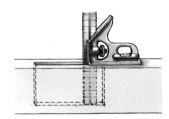

Control de una junta recta

Al ensamblar juntas en esquinas, utilice un cartabón para controlar que los dos componentes se encuentren en ángulo recto.

Uso de una escuadra como calibre de profundidad

Afloje la tuerca moleteada, coloque el extremo de la hoja contra el fondo del encastre y deslice el cabezal hacia arriba contra el borde del trabajo. Lea la profundidad del encastre.

TÉCNICAS Y HERRAMIENTAS

Gramiles

Los gramiles están diseñados para marcar líneas finas paralelas a los bordes de una pieza, por lo general, para trazar juntas o efectuar rebajes (un corte a lo largo de un borde).

Gramil simple

Un gramil simple comprende un bloque o valla ajustable que se desliza a lo largo de un brazo de madera maciza que posee una clavija de acero afilada, clavada en uno de los extremos. Un tornillo de mariposa fija la valla en cualquier punto a lo largo del brazo.

Gramil doble

Un gramil doble presenta dos clavijas, una fija y la otra ajustable, por lo que pueden marcarse ambos costados de un encastre en forma simultánea. En los gramiles de más alta calidad, la clavija móvil puede ajustarse a tolerancias muy finas, utilizando un tornillo de mariposa ubicado en el extremo del brazo. La mayoría de los gramiles dobles tiene una segunda clavija fija en la parte trasera del brazo de modo que la herramienta se pliega como un gramil simple estándar.

Gramil de cuchilla

Un gramil de cuchilla presenta una hoja en miniatura en lugar de una clavija en punta, lo que permite trazar una línea a través de la veta sin desgarrar las fibras de la madera. La hoja, que se fija en su lugar por medio de una cuña de metal, puede ser retirada para poder afilarla. Una hoja ranurada estándar, utilizada para trazar varias juntas en esquina, posee una punta cortante redondeada.

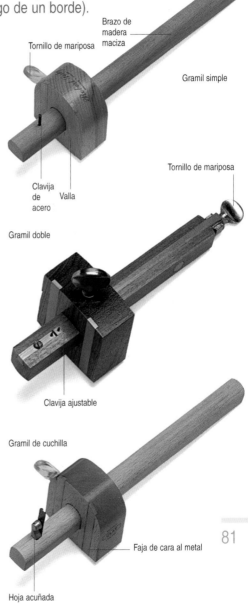

Brazo de madera maciza

Tornillo de mariposa

Gramil simple

Tornillo de mariposa

Clavija de acero

Valla

Gramil doble

Clavija ajustable

Gramil de cuchilla

Faja de cara al metal

Hoja acuñada

Gramil para bordes curvos

Valla de metal

Gramil para bordes curvos

Es prácticamente imposible trazar una línea paralela a un borde curvo con un gramil simple común. Un gramil para bordes curvos presenta una valla de metal que descansa sobre dos puntos para evitar que la valla se balancee a medida que se desplaza por el borde del trabajo. La misma herramienta puede utilizarse, además, sobre bordes rectos ya que es una herramienta particularmente versátil.

Gramil para paneles

Un gramil simple estándar posee un brazo de 20 cm, pero existen gramiles con brazos de hasta 80 cm para tallar líneas en tableros sintéticos. Estos gramiles para paneles presentan vallas bastante anchas que son sostenidas en su lugar por medio de una cuña de traba o un tornillo de sujeción de madera.

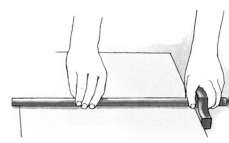

IMPROVISACIÓN DE UN GRAMIL

Para carpintería que no requiere una precisión absoluta, puede utilizarse un lápiz como gramil.

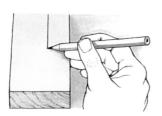

Con la ayuda de un dedo
Deslice la yema de un dedo contra el borde de la pieza para mantener paralelo el recorrido de la punta del lápiz. Es necesario tener buen pulso para hacerlo de manera efectiva.

Con una escuadra combinada
En caso de dimensiones un poco más anchas, deslice el cabezal de una escuadra combinada sobre el borde del trabajo utilizando el extremo de la hoja para guiar la punta del lápiz.

Uso de gramiles simples

Fijación de un gramil simple

Algunos gramiles simples presentan brazos graduados que facilitan el ajuste de la valla, pero, por lo general, es  necesario alinear la clavija con una regla y luego deslizar la valla con el dedo pulgar hasta apoyarla contra el extremo de la regla.

Ajuste de un gramil simple

Ajuste con firmeza el tornillo de mariposa y controle la fijación. Si es necesario, efectúe los ajustes precisos golpeando la base del brazo contra un banco para aumentar la distancia entre la clavija y la valla. Reduzca esta distancia con golpes sobre la punta.

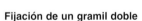

Fijación de un gramil doble

Ajuste la distancia entre las clavijas para que corresponda al ancho de un formón para encastres, luego fije la valla para adecuarla al grosor de la pata o montante. Utilice la misma fijación de clavija para tallar una espiga coincidente y ajuste la valla según sea necesario.

Tallado con un gramil

Coloque el brazo sobre la pieza con la clavija hacia usted, luego deslice la valla hacia arriba contra el costado del trabajo. Rote la herramienta hasta que la clavija comience a marcar la madera y luego empuje el gramil hacia delante para tallar una línea limpia.

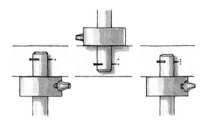

Trazado de una línea central

Para encontrar el centro exacto de un travesaño o montante, fije un gramil simple con tanta precisión como sea posible y luego controle la medición, con un único pinchazo con la clavija, primero de un lado de la pieza y luego, del otro. Si los pinchazos de la clavija están cerca o se alejan de la línea central, ajuste el gramil hasta que coincidan.

Serruchos y sierras

Están diseñados para convertir tablones de madera maciza y tableros sintéticos en piezas más pequeñas, listas para el cepillado. Los mejores ejemplares de mano tienen la parte trasera sesgada, con una leve curvatura en forma de S hacia la parte superior de la hoja, lo que reduce el peso de la herramienta y mejora el equilibrio. Las mismas hojas son, con frecuencia, más delgadas, para proporcionar un mejor espacio en la entalladura (corte efectuado por una sierra).

Serrucho largo

El serrucho de mano de mayor tamaño, con una hoja de 65 cm, está diseñado específicamente para cortar madera maciza en el sentido de la veta. Un serrucho largo posee grandes dientes con bordes de avance casi verticales y cada diente está limado en forma recta para producir una punta cortante con forma de cincel. Al igual que todas las sierras, con excepción de las pequeñas, los dientes alternados están "orientados" o curvados hacia la derecha o a la izquierda para cortar una entalladura más ancha que el grosor de la hoja. Esto evita que la sierra se atasque en la madera. Los serruchos largos están fabricados con 5 ó 6 puntos por pulgada.

▲ Sierra de mano de caras cóncavas con la parte trasera sesgada

Serrucho largo

Serrucho de tronzar

Serrucho para paneles

TÉCNICAS Y HERRAMIENTAS

Serrucho de tronzar

Un serrucho de tronzar presenta dientes especialmente diseñados para tronzar madera maciza en forma transversal a la veta y por lo tanto, resulta la sierra ideal para cortar tablones o vigas de madera a lo largo. Cada diente se inclina hacia atrás a un ángulo o "paso" de 14 grados y está limado con una punta y un borde cortante afilados que marcan las fibras de la madera a cada lado del corte. Las hojas de los serruchos de tronzar son de entre 60 y 65 cm de largo, con entre 7 y 8 puntos por pulgada.

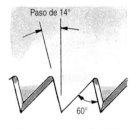

▲ Dientes del serrucho largo

Serruchos con dientes alternados

Los serruchos de tronzar con dientes alternados resultan particularmente eficientes ya que tronzan la madera tanto con el movimiento hacia atrás como con el movimiento hacia delante. Los dientes alternados poseen un paso de 22,5 grados.

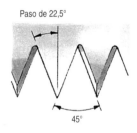

▲ Dientes del serrucho de tronzar

Serrucho para paneles

Al presentar dientes de tronzar relativamente pequeños, a 10 puntos por pulgada, un serrucho para paneles está diseñado principalmente para cortar tableros sintéticos al tamaño requerido, pero puede utilizarse como serrucho de tronzar para madera maciza. Las hojas de esta herramienta son de entre 50 y 55 cm de largo.

Serrucho universal

Algunos fabricantes ofrecen serruchos de mano universales con dientes con forma similar a los de un serrucho de tronzar, pero que permiten efectuar cortes de manera adecuada, tanto en el sentido de la veta como en forma transversal a la veta. Los serruchos universales están fabricados con entre 6 y 10 puntos por pulgada.

▲ Dientes del serrucho de dientes alternados

Sierra de bastidor

Una sierra de bastidor de tipo tradicional está diseñada para cortar y tronzar madera maciza de acuerdo con la hoja que presente. La hoja angosta se tensa mediante un torniquete de alambre retorcido que se extiende entre los postes de madera maciza de los extremos.

▲ Sierra de bastidor

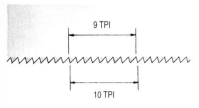

9 TPI

10 TPI

▲ Especificación de los tamaños de dientes de un serrucho

▲ Mangos abiertos y cerrados

Tamaños de los dientes

A pesar de la métrica, los tamaños de los dientes de un serrucho están especificados, por lo general, por la cantidad de dientes en una pulgada —TPI (dientes por pulgada)— efectuando una medición desde la base de un diente hasta la base de otro. En forma alternativa, los dientes del serrucho pueden estar especificados por PPI (puntos por pulgada), a través del recuento de la cantidad de puntas de dientes de un serrucho en una pulgada de la hoja. Al efectuar una comparación, hay siempre un PPI más que un TPI.

Mangos de sierras

Los mangos elegantes aún se fabrican con madera maciza de veta corta resistente, a pesar de que la mayoría de los serruchos de mano poseen, hoy en día, mangos de plástico moldeado cuya fabricación es más económica. La elección del material no influye sobre el rendimiento del serrucho, pero es necesario asegurarse de que el mango resulte cómodo de sujetar y controlar que esté ubicado debajo y detrás de la hoja para asegurar el empuje máximo del movimiento hacia adelante.

Mangos abiertos y cerrados

Algunos serruchos para cola de milano y serruchos de punta presentan mangos con extremo abierto. No obstante, la mayoría de las sierras y de los serruchos presentan mangos cerrados más resistentes.

DATOS ÚTILES

Cuidado de serruchos y sierras de mano

Los dientes de una sierra o de un serrucho se desafilan con rapidez si se lo arroja en forma descuidada dentro de una caja de herramientas o si las hojas se rozan entre sí. Coloque una funda de plástico por encima del borde dentado de una hoja antes de guardarla o bien, transporte sierras y serruchos en una funda de tela con divisiones para guardar varias herramientas. Utilice aguarrás mineral para retirar los depósitos de resina de la hoja y limpie el metal con un paño embebido en aceite antes de guardar la herramienta.

USO DE UN SERRUCHO COMO ESCUADRA

Con frecuencia, los mangos de plástico están moldeados con cantos que forman un ángulo de 90 y 45 grados, con la parte trasera recta de la hoja, para que la herramienta pueda ser utilizada como un gran cartabón o cartabón de inglete.

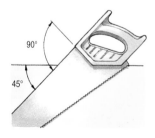

90°

45°

TÉCNICAS Y HERRAMIENTAS

Uso de serruchos

Siempre y cuando el serrucho esté afilado y los dientes sean colocados en forma adecuada, es posible trabajar durante períodos prolongados de tiempo sin sentir cansancio.

Sujetar el serrucho

Sujete un serrucho con el dedo índice extendido hacia el canto de la hoja. De esta forma, se logra un control óptimo.

Comienzo del corte

Guíe el serrucho con el dedo pulgar apoyado contra la cara de la hoja y efectúe movimientos cortos hacia atrás para establecer el corte.

Cómo continuar

Serrar con movimientos lentos y constantes, utilizando toda la longitud de la hoja. De otra manera existe la probabilidad de que se atasque el serrucho. Si fuera necesario, tuerza la hoja levemente para hacerla regresar a la línea.

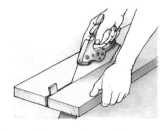

Cómo evitar que el serrucho se atasque

Si la entalladura comienza a cerrarse sobre la hoja, clave una pequeña cuña dentro del corte para mantenerlo abierto. De otra forma, lubrique el serrucho frotando una vela en ambos lados de la hoja.

Finalización del corte

Al acercarse al final de un corte, incline levemente el mango del serrucho hacia abajo y efectúe movimientos lentos para cortar las últimas fibras de madera. Sujete la pieza con la otra mano para no excederse en el corte.

Acción opuesta

Para terminar de serrar un gran panel, gire sobre usted y sierre hacia atrás en dirección a la entalladura recién efectuada. En forma alternativa, sujete el mango con ambas manos para controlar el serrucho y continúe la entalladura en el mismo sentido.

Cómo apoyar el trabajo

No es posible cortar una pieza con precisión si no se la apoya de manera adecuada. Se puede colocar un trozo de madera en la parte superior de un banco, pero le resultará más cómodo y conveniente utilizar un par de caballetes de 60 cm de alto aproximadamente.

Tronzado

Cree un puente con un par de caballetes y una viga de madera para tronzar. Si la pieza es delgada y flexible, sujétela desde abajo con un trozo más grueso de madera.

Tronzado con una sierra de bastidor

Al cortar una viga de madera con una sierra de bastidor, incline levemente el bastidor hacia el costado para poder apreciar con claridad la línea de corte. Pase la otra mano a través del bastidor y por detrás de la hoja para sujetar la pieza para no excederse en el corte.

Corte al hilo

Sujete el trabajo de manera similar a cuando corta una viga a lo largo y desplace cada caballete a medida que avanza para proporcionarle un recorrido libre a la hoja. Evite que se curve colocando dos vigas por debajo de la tabla.

Corte al hilo con una sierra de bastidor

Sujete el trabajo a un banco resistente a fin de poder utilizar las dos manos para controlar la sierra y gire la hoja a 90 grados con el bastidor. Tome uno de los extremos con ambas manos. Asegúrese de que la hoja angosta no se tuerza y aleje la sierra de la línea.

Serruchos de costilla

Estos serruchos poseen dientes de tronzar relativamente pequeños para desbastar al tamaño requerido y para cortar juntas de carpintería. La característica especial es el fleje de latón o acero pesado, plegado sobre la parte superior de la hoja a modo de refuerzo.

La sierra de vaina, con entre 13 y 15 PPI a lo largo de una hoja de entre 25 y 30 cm, es la herramienta más grande y versátil de la familia de los serruchos de costilla.

El serrucho para colas de milano es una versión más pequeña de la sierra de vaina, pero los dientes son demasiado finos (entre 16 y 22 PPI) para disponerse de forma convencional. En cambio, depende de la rebaba producida por afilado con lima para lograr la entalladura extremadamente angosta que se requiere para cortar ensambles en cola de milano o juntas similares.

El serrucho recto para colas de milano con mango acodado está diseñado para desbastar espigas de madera y espigas a ras de la superficie de la madera.

El serrucho de ebanista para colas de milano, un serrucho de costilla en miniatura con aproximadamente 26 PPI, es ideal para cortar juntas delgadas y para modelismo.

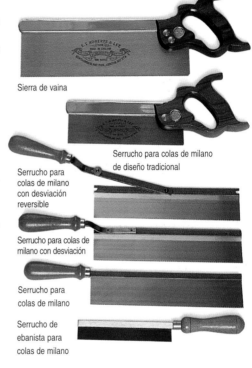

Sierra de vaina

Serrucho para colas de milano de diseño tradicional

Serrucho para colas de milano con desviación reversible

Serrucho para colas de milano con desviación

Serrucho para colas de milano

Serrucho de ebanista para colas de milano

Técnicas para el uso

Corte en el sentido de la veta
Sujete el trabajo en un torno de banco para serrar una espiga o cola de milano hacia abajo.

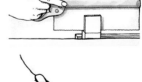

Tronzado
Sujete el trabajo en forma segura contra una grapa de banco (ver página 119) y efectúe movimientos cortos hacia atrás del lado sobrante de la línea hasta establecer el corte; luego, incline lentamente la hoja hacia abajo hasta la posición horizontal a medida que extiende la entalladura.

▶ Sierras de corte curvo

Existe un grupo de sierras con hojas angostas, fabricadas específicamente para cortar orificios o formas curvas en madera maciza y tablas. Se comercializan diversos tamaños y diseños; la elección dependerá del material a cortar y de la escala del trabajo.

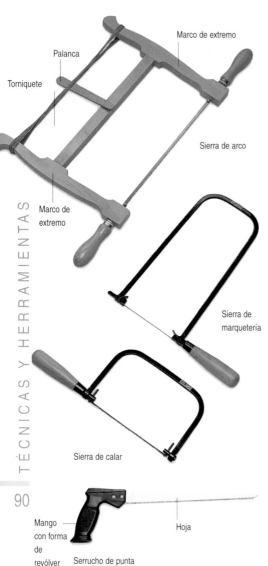

Marco de extremo

Palanca

Torniquete

Sierra de arco

Marco de extremo

Sierra de marquetería

Sierra de calar

Mango con forma de revólver

Hoja

Serrucho de punta

La sierra de arco es una sierra de bastidor de peso medio adecuada para cortar piezas de madera relativamente gruesas. Posee una hoja de entre 20 y 30 cm tensada por un torniquete que se extiende entre los dos marcos de los extremos de la sierra. Las hojas de entre 9 y 17 PPI pueden rotarse 360 grados para girar el bastidor hacia un costado.

La hoja sumamente angosta de 15 cm de una sierra de calar se tensa por la flexibilidad del arco metálico. Las hojas de entre 15 y 17 PPI son demasiado angostas para ser afiladas y simplemente se reemplazan cuando se desafilan o se rompen.

La sierra de marquetería, de construcción similar a la sierra de calar, presenta un arco profundo que tensa hojas intercambiables. La sierra de marquetería, con hojas de 32 PPI, se utiliza para cortar piezas delgadas de madera y tablas, o para dar forma a un enchapado para marquetería.

La mayoría de las sierras de corte curvo está limitada por los arcos para cortar orificios que se encuentran relativamente cerca de los bordes de una pieza. El serrucho de punta sin arco posee una hoja angosta y cónica lo suficientemente firme como para conservar la forma y por lo tanto, puede utilizarse para cortar un orificio en una tabla de cualquier grosor, tan lejos de los bordes como se requiera.

Uso de sierras de corte curvo

La mayoría de las sierras de corte curvo requiere técnicas especiales para contrarrestar la tendencia a que el peso de los arcos aleje la hoja de la línea.

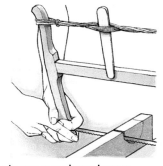

Corte con una sierra de arco

Para cortar con una sierra de arco es necesario utilizar ambas manos para controlar la dirección del corte. Sujete el mango derecho con una mano, con el dedo índice extendido y paralelo a la hoja. Coloque la mano libre por encima del otro mango y el dedo índice y el dedo medio alrededor del poste del extremo de la sierra, uno de cada lado de la hoja.

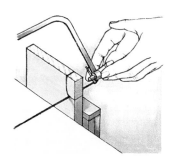

Control de una sierra de calar

Para evitar que la hoja se aleje de la línea, coloque la primera articulación del dedo índice extendido sobre el arco de la sierra de calar. Luego, sujete la sierra con ambas manos para un mejor control.

Uso de una sierra de marquetería

Las piezas delgadas tienden a vibrar a menos que se sujeten desde abajo por medio de una faja de madera terciada atornillada a la parte superior del banco, con el borde frontal sobresalido. Corte una muesca con forma de V en la madera terciada para proporcionarle espacio a la hoja de la sierra de marquetería.

Cortes cerrados

Al cortar un orificio con cualquier sierra de bastidor, marque la pieza y perfore un pequeño orificio de acceso para la hoja, justo en el sobrante.

Uso de un serrucho de punta

Al cortar orificios con un serrucho de punta, efectúe un orificio de comienzo para la punta de la hoja. Sierre en forma constante para evitar que la hoja se tuerza con el movimiento hacia delante.

Reemplazo de las hojas

Las sierras de corte curvo están diseñadas para el reemplazo rápido y sencillo de las hojas desafiladas, rotas o curvadas.

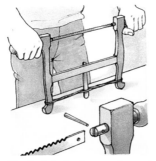

Cambio de la hoja de una sierra de arco

Desajuste la palanca para aflojar el torniquete, luego coloque cada extremo de la hoja en las varillas metálicas ranuradas que se extienden desde los mangos. Pase las espigas de apoyo a través de las varillas y la hoja en ambos extremos y ajuste.

Colocación de la hoja de una sierra de marquetería

Se coloca igual que la de la sierra de calar, pero con grapas de tornillos de mariposa. Con los dientes en dirección al mango, clave el extremo del canto de la hoja, luego flexione el arco contra un banco y ajuste el otro tornillo de mariposa sobre la hoja. La reducción de la presión ejercida sobre el arco es suficiente para tensar la hoja.

Colocación de la hoja de un serrucho de punta

Afloje los tornillos con tuerca, deslice el extremo ranurado de la hoja intercambiable dentro el mango y ajuste.

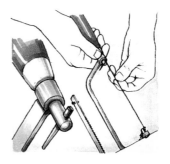

Reemplazo de la hoja dañada de una sierra de calar

Cada extremo de la hoja de una sierra de calar se ajusta dentro de una espiga de apoyo ranurada. Para reemplazar una hoja dañada, reduzca la distancia entre las espigas de apoyo girando el mango de la sierra en sentido antihorario.

Coloque la hoja en el canto de la sierra, con los dientes en sentido opuesto al mango. Flexione el arco contra el borde de un banco hasta colocar el otro extremo de la hoja. Ajuste el mango para tensar la hoja y luego aliñe a ojo ambas espigas.

Martillos y mazos

La mayoría de los talleres presenta una variedad de martillos, incluso cuando se los utiliza rara vez en la realización de juntas, salvo para reforzar espigas o clavos.

Un martillo bolita de peso medio resultará útil en la mayoría de los casos. Es lo suficientemente pesado como para unir juntas y volver a desmontarlas, y posee un equilibrio lo suficientemente bueno como para llevar a cabo operaciones de precisión.

Para trabajos delicados, utilice un martillo bolita liviano para espigas.

Le resultará conveniente utilizar un martillo de galponero o de carpintero para realizar plantillas para taladrar maquetas con madera blanda. No sólo permite clavar con facilidad clavos grandes sino también retirarlos con la uña dividida al utilizar el mango resistente como palanca. A pesar de que son relativamente más costosos, los martillos de galponero o de carpintero totalmente fabricados en metal son incluso más resistentes que los que poseen mangos de madera.

Un mazo de carpintero está diseñado especialmente para clavar cinceles y gramiles; la ancha cabeza es cónica a los efectos de que cada golpe sea perpendicular a un cincel y pueda acuñarse incluso con mayor seguridad sobre el mango cónico con cada golpe.

EMBUTIDOR DE CLAVOS

Un embutidor de clavos es un punzón cónico de metal utilizado con un martillo para introducir cabezas de clavos por debajo de la superficie de la madera.

Martillo bolita

Martillo bolita (diseño cuadrado)

Martillo para espigas

Martillo para espigas (diseño cuadrado)

Martillo de galponero o de carpintero

Mazo de carpintero

Escoplos, formones y gubias

La carpintería resulta una tarea imposible sin, al menos, una pequeña variedad de buenos escoplos, formones y gubias. Son especialmente útiles para realizar juntas con el fin de quitar madera sobrante y emparejar componentes para obtener un calce exacto.

El escoplo de carpintería estándar presenta una hoja resistente de sección rectangular que puede clavarse con seguridad por medio de un mazo, en pino o maderas macizas, sin temor a romperlos. Los escoplos tienen entre 3 mm y 3,8 cm de ancho.

El escoplo de borde biselado y hoja delgada está diseñado para trabajos más delicados y se utiliza sólo presión manual. Se usa principalmente para dar forma y desbastar juntas; la base de los escoplos a lo largo de los dos lados de la hoja hace que el escoplo resulte adecuado para trabajar rebajes en cola de milano.

Un formón de mano es un escoplo con borde biselado con una hoja extra larga para nivelar canales. La versión acodada hace posible emparejar el sobrante de juntas muy anchas.

El formón para encastres es una herramienta especial para cortar encastres profundos. Presenta una hoja cónica que no se atasca en el trabajo y es lo suficientemente gruesa como para ser utilizada como palanca al cortar el descarte de una junta. Los costados profundos de la hoja ayudan a mantenerla en línea recta con el formón. Los formones para encastres presentan hasta 1,2 cm de ancho.

Una gubia es un escoplo con una hoja curva en forma transversal. Cuando el bisel con borde cortante está dentro de la hoja, se denomina gubia cañón; la punta de una hoja de una gubia de media caña se encuentra del lado exterior. Las gubias se utilizan para retirar la madera de descarte de los orificios y para desbastar lados curvos.

DATOS ÚTILES

Uso de escoplos y formones
A pesar de que es posible clavar escoplos, formones y gubias con mango de plástico con un martillo de metal, será necesario utilizar un mazo para los que presentan mangos de madera a fin de que no se quiebren.

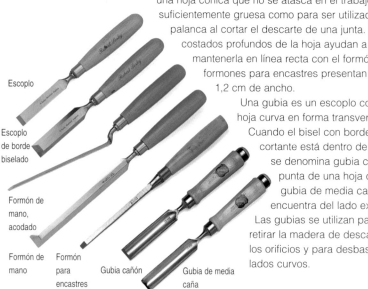

Escoplo

Escoplo de borde biselado

Formón de mano, acodado

Formón de mano

Formón para encastres

Gubia cañón

Gubia de media caña

Cepillos

Los cepillos de banco se emplean para suavizar las superficies de la madera y para cepillarla en línea recta y con precisión. Aún se comercializan los cepillos de madera, pero hoy en día, casi todos son de metal. Por otro lado, se necesitarán algunos cepillos específicos para dar forma y desbastar juntas.

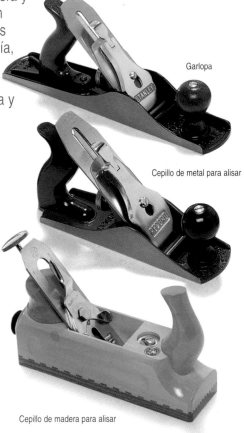

Garlopa

Cepillo de metal para alisar

Garlopa

La garlopa de 35 cm es lo suficientemente larga como para cepillar con precisión la mayoría de los bordes.

Cepillo para alisar

Es el cepillo de banco más pequeño disponible, de 22,5 cm de largo, que resulta ideal para dar la forma final a la pieza y para el acabado de la misma.

Cepillo de bloque

El cepillo de bloque (ver abajo, derecha) es lo suficientemente pequeño como para ser utilizado con una sola mano, pero lo suficientemente fuerte como para obtener virutas de gran tamaño para dar forma y desbastar con rapidez la madera. Es un buen cepillo de uso general, empleado muchas veces para cortar la veta final.

Cepillo de madera para alisar

Guillame rebajador

No resulta una herramienta esencial, ya que, hoy en día, se utilizan principalmente las ranuradoras eléctricas, pero es muy rápido para efectuar rebajes a mano. El guillame (ver arriba, página 96) posee una valla y un tope de profundidad; con una hoja montada cerca del canto, pueden cortarse rebajes con tope.

Cepillos de bloque de metal y de madera

95

Guillame rebajador

Cepillo para márgenes

Cepillo pequeño para márgenes

El espolón en punta montado sobre el costado del guillame permite marcar la madera delante de la hoja cuando se efectúan rebajes en forma transversal a la veta.

Cepillo para márgenes

El cepillo de metal para márgenes, una herramienta especial para realizar juntas (ver arriba), está diseñado específicamente para cortar márgenes en línea recta en juntas de mayor tamaño.

Cepillo pequeño para márgenes

Esta versión en miniatura (ver arriba) del cepillo para márgenes es útil para desbastar juntas pequeñas.

Cepillo ranurador

El cepillo ranurador de mano, que en algún momento fue la herramienta preferida para nivelar canales y entrantes para bisagras, fue reemplazado en gran medida por la ranuradora eléctrica.

Cepillo de modular

Es un cepillo utilizado para cortar ranuras angostas en forma paralela al borde y presenta una variedad de cortantes intercambiables.

Cepillo combinado

El sofisticado cepillo combinado permite cortar ranuras más anchas que un cepillo de modular y puede utilizarse para dar forma a una lengüeta machihembrada a lo largo del borde de otro componente.

Cepillo ranurador

Cepillo de modular

Cepillo combinado

Cómo desmontar y ajustar cepillos de banco

Todos los cepillos de banco de metal están construidos de forma similar y se desmontan de igual manera. En algunos cepillos, la hoja se sujeta en su lugar por medio de una cuña, a pesar de que la mayoría de los cepillos de madera presenta hojas con tapa y tornillos para ajuste de profundidad.

Cómo quitar la hoja y el rompevirutas

Para quitar la hoja para afilarla o para efectuar otros ajustes de un cepillo de banco de metal, retire primero la tapa de hierro, levantando la palanca de la misma y deslizando la tapa hacia atrás para liberarla del tornillo de enclavamiento. Quite la hoja y el rompevirutas del cepillo, lo que permitirá ver la pieza fundida con forma de cuña, conocida como horquilla, que incorpora los controles de profundidad de la hoja y ajuste lateral.

Para separar el rompevirutas y la hoja, utilice un destornillador grande para aflojar el tornillo de enclavamiento y luego, deslice el rompevirutas hacia el borde cortante hasta que la cabeza del tornillo pueda atravesar el orificio de la hoja.

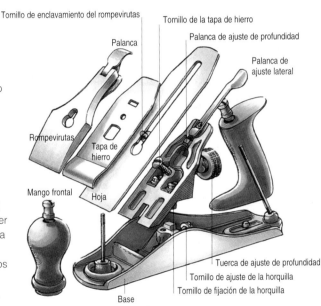

Tornillo de enclavamiento del rompevirutas

Tornillo de la tapa de hierro

Palanca

Palanca de ajuste de profundidad

Palanca de ajuste lateral

Rompevirutas

Tapa de hierro

Mango frontal

Hoja

Base

Tuerca de ajuste de profundidad

Tornillo de ajuste de la horquilla

Tornillo de fijación de la horquilla

▲ Componentes de un cepillo de banco de metal

Ajuste de la horquilla

El borde cortante de la hoja sobresale a través de una abertura en la base, denominada boca. Al ajustar la horquilla, es posible modificar el tamaño de esta abertura para regular el grosor de las virutas de madera que se desean retirar.

97

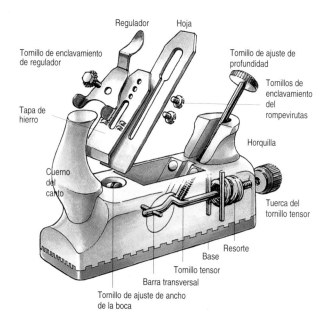

Regulador — Hoja

Tornillo de enclavamiento de regulador

Tapa de hierro

Cuerno del canto

Tornillo de ajuste de profundidad

Tornillos de enclavamiento del rompevirutas

Horquilla

Tuerca del tornillo tensor

Resorte
Base
Tornillo tensor
Barra transversal
Tornillo de ajuste de ancho de la boca

▲ Componentes de un cepillo para alisar de madera

Por ejemplo, para cepillar grueso, abra la boca con el fin de obtener un espacio adecuado para virutas gruesas. Cierre la boca en caso de virutas finas, para hacer que se quiebren y enrulen contra el rompevirutas.

AJUSTE DE UN CEPILLO

Con la cuña y la hoja en posición, ajuste la profundidad del corte golpeando con un mazo sobre el borde superior de la hoja. Una vez que haya logrado la fijación requerida, golpee la cuña. Para liberar la cuña y la hoja, golpee el canto del cepillo.

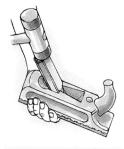

Cómo retirar la hoja de un cepillo de madera

Coloque el tornillo de ajuste de profundidad a aproximadamente 1 cm y afloje la tuerca del tornillo tensor en el talón del cepillo. Gire la barra transversal del tornillo tensor a 90 grados para soltar el montaje de la hoja, que incluye el rompevirutas y el regulador. Para desarmar el montaje a los efectos de afilarlo, retire los dos tornillos de la parte posterior de la hoja.

Montaje y ajuste de un cepillo de madera

Una vez afilada la hoja (ver páginas 101 a 104), reemplace el rompevirutas y coloque el montaje en el cepillo. Pase la barra transversal a través de la ranura en el montaje y gire la barra para colocarla en su lugar en el rompevirutas; luego, ajuste levemente la tuerca del tornillo tensor.

Ajuste el tornillo de profundidad hasta que la hoja sobresalga por la boca; utilice el regulador para asegurar que el borde cortante se encuentre en posición paralela a la base. Coloque el ajustador de profundidad en la posición deseada y ajuste la tuerca del tornillo tensor.

Mantenimiento

Si cuida de manera razonable los cepillos de banco, requerirán muy poco mantenimiento, con excepción del afilado. Conserve los cepillos aseados y bien lubricados, y límpielos periódicamente.

Cómo evitar que las virutas se atasquen debajo del rompevirutas

Controle que la parte posterior de la hoja sea perfectamente plana y que no haya depósitos de resina que eviten que el rompevirutas se incline hacia delante. Si la hoja está inclinada, apóyela sobre una tabla y golpéela con firmeza con ayuda de un martillo. Vuelva a cepillar el borde principal del rompevirutas sobre una piedra para afilar, y afile el borde plano y en el ángulo original.

Lubricación de una base pegajosa

Los cepillos de madera, por lo general, no requieren forma alguna de lubricación, pero si nota que un cepillo de metal no se desliza sobre el trabajo como debería, frote levemente la base con una vela.

Alisado de una base abarquillada

Si nota que no puede cortar virutas finas con el cepillo, coloque una regla de metal en forma transversal a la base para controlar que no se encuentre abarquillada. Si fuera necesario, lleve el cepillo a un profesional para que lo revise.

Alisar una base de madera sobre un papel de lija resulta mucho más sencillo. Retire la hoja; sostenga el cepillo cerca del centro y frote la base hacia atrás y hacia delante por encima del papel.

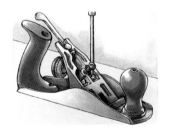

Corrección de la vibración de la hoja

Si el cepillo vibra en lugar de cortar suavemente las virutas, controle que la hoja esté ajustada. Ajuste el tornillo de la tapa de hierro o, en el caso de un cepillo de madera, la tuerca del tornillo tensor. Si el problema continúa, verifique que no haya nada atascado detrás de la hoja.

Uso de cepillos

Al colocar una pieza para cepillarla, controle la madera para asegurar el sentido general de la veta. Es preferible llevar a cabo el cepillado en el sentido de la veta, ya que el cepillado en el sentido contrario a la veta tiende a desgarrar las fibras de la madera.

Manejo de los cepillos de metal

Tome el mango de un cepillo de banco de metal con el dedo índice extendido hacia el canto de la herramienta. Coloque la otra mano alrededor del mango frontal para sujetar el canto hacia abajo sobre el trabajo.

Manejo de los cepillos de madera para alisar

Coloque la mano alrededor de la horquilla con forma, justo por encima del talón del cepillo y tome el cuerpo principal con los dedos y el pulgar. Utilice la horquilla ergonómica para ejercer presión hacia atrás.

Cepillado

Colóquese de pie junto al banco, con los pies separados. Mantenga el peso del cuerpo sobre el canto del cepillo mientras efectúa los movimientos, ejerciendo presión contra el talón para evitar que el cepillo redondee el trabajo en el extremo opuesto.

Uso de la acción de corte

Algunas veces resulta más sencillo suavizar la veta irregular por medio de la acción de corte, al girar el cepillo a un leve ángulo al deslizarlo hacia delante.

Cepillado de los bordes

Conserve un borde en línea recta ejerciendo presión sobre el canto con el dedo pulgar, por medio de la flexión de los dedos por debajo del cepillo, para que actúen como una valla guía contra el costado del trabajo.

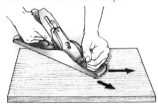

Cepillado de una tabla en plano

Para cepillar una tabla en plano, comience por cepillar en un leve ángulo, en forma transversal, desde dos direcciones. Controle la superficie con una regla (ver página 77), luego, ajuste el cepillo para cortar virutas más finas y termine con movimientos paralelos a los bordes del trabajo.

Herramientas para afilar

La hoja de una herramienta puede conservarse afilada con el uso de piedras de afilar abrasivas para obtener un borde cortante angosto en el metal. Las piedras naturales son de mejor calidad pero pueden obtenerse resultados muy satisfactorios con piedras sintéticas de menor costo.

Piedras de banco

La mayoría de los carpinteros pule y afila los formones y las hojas de cepillos sobre una piedra de banco rectangular que mide aproximadamente 20 x 5 cm y presenta alrededor de 2,5 cm de grosor. Algunos carpinteros prefieren reservar piedras para cada etapa del proceso de afilado, pero, para que resulte menos costoso, se adhieren piedras de diferentes gramajes de abrasividad por la parte posterior. También pueden adquirirse combinaciones similares de piedras naturales y sintéticas.

Piedras para afilar

La mayoría de las piedras para afilar naturales y sintéticas están lubricadas con un aceite liviano. La novaculita, por lo general considerada como la piedra para afilar más delicada, puede encontrarse solamente en Arkansas, Estados Unidos. Este cristal compacto de sílice se desarrolla en forma natural en varios gramajes. La piedra "Arkansas blanda", gruesa y con motas grises, elimina con rapidez el metal y se utiliza para comenzar a dar forma a las herramientas de corte. La piedra "Arkansas dura y blanca" coloca el ángulo de afilado sobre el borde cortante, que luego se refina y pule con la piedra "Arkansas negra". La extraña variedad translúcida es, incluso, más fina.

Piedra para afilar combinada

Piedra abrasiva

Piedra al agua japonesa

Piedra de diamante

Arkansas dura negra

Arkansas dura

Piedra de banco de tallador

Arkansas blanda

101

▲ Piedras de banco

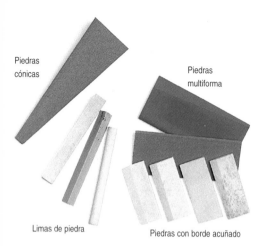

Piedras cónicas

Piedras multiforma

Limas de piedra

Piedras con borde acuñado

▲ Piedras multiforma y limas de piedra

CUIDADO DE LAS PIEDRAS

Sumerja las piedras relativamente gruesas en agua y déjelas reposar alrededor de cinco minutos antes de utilizarlas; las piedras más finas requieren menos tiempo. Consérvelas cubiertas para evitar que el polvo se adhiera y limpie la superficie en forma periódica. Para volver a utilizarlas, frótelas sobre un vidrio aceitado con polvo de carburo de silicio, y para volver a usar una piedra al agua, frótela sobre un papel húmedo/seco adherido a un vidrio.

Las piedras sintéticas para afilar se fabrican con óxido de aluminio sinterizado o carburo de silicio. Son bastante más económicas que sus equivalentes naturales.

Piedras al agua

Dado que son relativamente blandas y quebradizas, las piedras para afilar lubricadas con agua permiten efectuar cortes más rápidos que una piedra para afilar equivalente. No obstante, esto puede hacer, por otro lado, que una piedra al agua sea más vulnerable a daños accidentales, en especial, cuando se afilan formones angostos que podrían marcar la superficie. Las piedras al agua que se desarrollan en forma natural son tan costosas que la mayoría de los proveedores de herramientas sólo ofrece variedades sintéticas, que son casi tan eficaces.

Piedras de diamante

Las piedras para afilar sumamente duraderas de gramaje fino y grueso comprenden una chapa de acero niquelada que presenta partículas de diamante monocristalinas adherida a una base rígida de policarbonato. Las piedras de diamante resultarán útiles para afilar herramientas de acero y carburo.

Piedras multiforma y limas de piedra

Las piedras con forma pequeñas se fabrican para afilar gubias, formones y herramientas para tornería. Las piedras multiforma que presentan una sección inclinada y las piedras cónicas son las más útiles.

Chapas de metal para pulido

Una alternativa a las piedras para afilar convencionales son las chapas de acero o hierro fundido al aceite que presentan partículas cada vez más finas de carburo de silicio y permiten obtener excelentes resultados. Para el borde cortante definitivo de las herramientas de acero, se recomienda dar terminación con un compuesto diamantado sobre una chapa plana de acero. Los abrasivos de diamante también se utilizan para pulir herramientas con dientes de carburo.

Afilado de hojas

El afilado periódico permite conservar las hojas de los cepillos en condición óptima.

Bruñido de la parte posterior

Lubrique la piedra y sujete la hoja en forma plana sobre la superficie, con el bisel hacia arriba. Frote la hoja hacia delante y hacia atrás, ejerciendo presión con las yemas de los dedos para evitar que la hoja se balancee. Concéntrese en los 5 cm de la hoja, justo detrás del borde cortante; el resto de la hoja puede dejarse con el acabado de fábrica. Repita el procedimiento sobre una piedra fina para afilar, hasta que el metal brille.

▲ Bruñido de la parte posterior de una hoja de cepillo.

Afilado de una hoja

Sujete la hoja con el dedo índice extendido a lo largo de uno de los bordes, con el bisel hacia abajo. Coloque las yemas de los dedos de la otra mano por encima de la hoja. Ubique el bisel de desbastado en posición plana sobre una piedra de banco lubricada. Incline la hoja hacia arriba sobre el borde cortante y frótela hacia delante y hacia atrás a lo largo de la longitud total de la piedra para afilar el ángulo secundario.

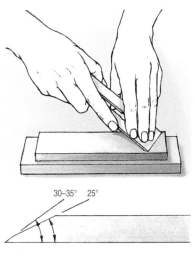

30–35°   25°

▲ Afilado de una hoja de cepillo.

USO DE UNA GUÍA DE AFILADO

Si le resulta complicado mantener un bisel preciso al afilar escoplos, formones y cepillos, intente clavar la hoja en una guía de afilado, es decir, una plantilla para taladrar simple que sujeta la hoja en el ángulo requerido sobre una piedra para afilar. Una guía de afilado resulta conveniente para afilar hojas con poco uso y existe una gran cantidad de estilos diferentes de guías.

Afilado de un escoplo

Afile un escoplo tal como se describe en la página 103; no obstante, dado que la mayoría de las hojas de formones son relativamente angostas, desplace el borde cortante de un lado al otro de la piedra de banco mientras efectúa el afilado para evitar que se produzca una cavidad en el centro.

Eliminación del "borde de alambre"

Una vez afilado un bisel a aproximadamente 1 mm de ancho, continúe afilando la hoja del cepillo o escoplo sobre una piedra para afilar de gramaje fino. El procedimiento produce finalmente un "borde de alambre" sobre la hoja; una rebaba que puede palparse con el dedo pulgar, en la parte posterior de la hoja. Elimine la rebaba puliendo la parte posterior de la hoja sobre una piedra fina, vuelva a afilar el bisel con algunos movimientos delicados y vuelva a pulir hasta que la rebaba se quiebre y se obtenga un borde afilado. Por último, pula el borde cortante y afílelo sobre una piedra extra fina o correa de cuero.

Afilado de una gubia de media caña

Para afilar el borde de una gubia de media caña (ver página 94) frote la herramienta en forma transversal sobre una piedra de banco, con un movimiento de ocho mientras se afila la hoja de un lado a otro. Esto hace que todo el borde curvo entre en contacto con la piedra y permite nivelar el desgaste de la misma.

Eliminación de la rebaba y suavizado

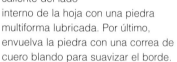

Elimine la rebaba saliente del lado interno de la hoja con una piedra multiforma lubricada. Por último, envuelva la piedra con una correa de cuero blando para suavizar el borde.

Afilado de una gubia cañón

Utilice una piedra multiforma similar para afilar el bisel sobre el borde cóncavo de una gubia cañón (ver página 94).

Eliminación del "borde de alambre"

Frote la parte posterior de una gubia cañón a lo largo de una piedra de banco lubricada para eliminar el "borde de alambre" (ver izquierda). Conserve la parte posterior de la gubia en posición plana con la piedra mientras balancea la herramienta de un lado a otro.

Taladros de mano y berbiquíes

Los taladros de mano y berbiquíes de trinquete, resistentes pero livianos, resultan convenientes para trabajar "en el lugar" ya que son completamente independientes de cualquier fuente de energía. Un berbiquí resulta útil, en especial, parea taladrar orificios de hasta 5 cm de diámetro y puede utilizarse, además, para ajustar tornillos para madera de gran tamaño.

Aunque ya no es parte del kit de herramientas de todo carpintero, el taladro de mano es una hermosa herramienta mecánica. El movimiento de la manivela provoca la rotación del mandril a velocidades relativamente altas a través de un sistema de ruedas de engramaje. El mandril se ajustará a una amplia variedad de brocas helicoidales y brocas espiga.

Los fabricantes de herramientas aún ofrecen una amplia variedad de berbiquíes, que incluye un berbiquí de trinquete especial para taladrar orificios a través de vigas de pisos y cielorrasos, para instalación de tuberías o cableado eléctrico. Un berbiquí común se acciona girando el marco en el sentido horario mientras se aplica presión sobre el mango redondo en la parte posterior de la herramienta. El círculo trazado por el movimiento del marco se denomina "barrido" y los berbiquíes figuran en los catálogos de herramientas según el diámetro de barrido que presentan.

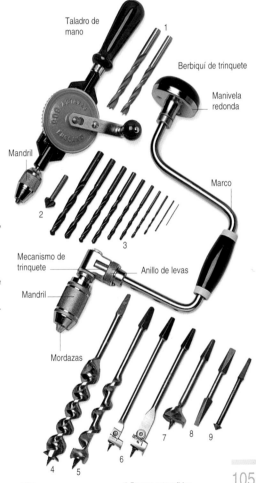

Taladro de mano

Berbiquí de trinquete

Manivela redonda

Marco

Mandril

Mecanismo de trinquete

Anillo de levas

Mandril

Mordazas

▲ Barrido de un berbiquí

1 Brocas espiga
2 Broca de avellanar
3 Brocas helicoidales
4 Broca de diseño Jennings
5 Broca de berbiquí con centro sólido

6 Brocas extensibles
7 Broca de centrar de tres puntas
8 Broca para destornillador
9 Broca de avellanar de berbiquí

Brocas para taladro

Las mordazas de un taladro de mano aceptan una variedad de brocas helicoidales y brocas espiga.

Brocas helicoidales

Las brocas helicoidales simples se fabrican con un par de estrías helicoidales que retiran los restos de madera a medida que el taladro se inserta en la madera. La mayoría de los taladros de mano acepta brocas de hasta un máximo de 9 mm de diámetro.

Brocas espiga

Son brocas helicoidales para taladrar madera que presentan puntas filosas de plomo que evitan que se desplacen.

Brocas de berbiquí

Una broca de berbiquí con centro sólido para un berbiquí de trinquete posee una sola espiga helicoidal que lleva los restos a la superficie y contribuye a mantener la broca en el lugar en orificios profundos.

Brocas extensibles

Una broca extensible ajustable permite cortar un orificio de cualquier tamaño entre límites.

Brocas de centrar de tres puntas

Dado que las brocas de centrar de tres puntas están diseñadas para taladrar orificios relativamente superficiales, son más simples y más económicas que las brocas de berbiquí equivalentes.

Brocas para destornillador

Una broca especial de doble extremo convierte al berbiquí en un destornillador.

Brocas de avellanar

Las brocas de avellanar se utilizan para cortar cavidades cónicas para cabezas de tornillos.

Uso de un taladro de mano

Coloque la punta de la broca del taladro sobre el trabajo y mueva la manivela con delicadeza hacia delante y hacia atrás hasta que la broca comience a morder la madera. Mueva la manivela a velocidad para taladrar un orificio de la profundidad requerida. No aplique demasiada presión al utilizar brocas helicoidales pequeñas; el mero peso de la herramienta será suficiente para que el taladro penetre en la madera.

Uso de un berbiquí

Sujete el berbiquí en posición vertical con una mano mientras mueve el marco con la otra. Para taladrar en sentido horizontal, afirme la manivela redonda contra su cuerpo. Para retirar la broca, trabe el trinquete e invierta el movimiento un par de veces para soltar el tornillo de plomo; luego, presione la herramienta mientras mueve el marco hacia atrás y hacia delante.

TÉCNICAS Y HERRAMIENTAS

Taladros eléctricos

Es la herramienta eléctrica más comúnmente utilizada. No sólo resulta esencial para la carpintería sino que además es una herramienta indispensable que puede encontrarse en casi todos los hogares para efectuar tareas de mantenimiento general.

Taladros eléctricos

Los taladros eléctricos pueden ser bastante pesados y voluminosos, pero son herramientas sumamente resistentes y confiables, capaces de funcionar en forma continua durante horas. Por ello, una gran cantidad de carpinteros sigue eligiéndolos.

Tamaño del motor

Por lo general, los fabricantes especifican los watts de potencia del motor del taladro. Un taladro de entre 500 y 800W, que puede generar 3.000 revoluciones por minuto, resulta adecuado para carpintería.

Mandriles del taladro

La mayoría de los mandriles presenta tres mordazas concéntricas que sujetan la espiga de una broca de taladro. Algunos mandriles deben ser ajustados con una llave dentada especial para asegurar que las mordazas sujeten con firmeza la broca de taladro a fin de que no se deslice durante el uso, pero una gran cantidad de taladros poseen mandriles "sin llave" que ajustan con firmeza la broca, al girar simplemente un aro cilíndrico que rodea el mecanismo. Algunos taladros presentan un mandril sin llave con bloqueo automático que puede ajustarse y aflojarse en forma manual.

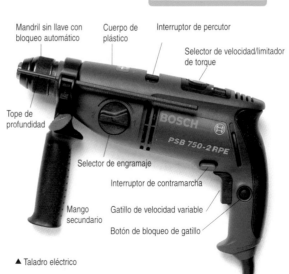

Mandril sin llave con bloqueo automático

Cuerpo de plástico

Interruptor de percutor

Selector de velocidad/limitador de torque

Tope de profundidad

Selector de engramaje

Interruptor de contramarcha

Mango secundario

Gatillo de velocidad variable

Botón de bloqueo de gatillo

▲ Taladro eléctrico

▲ Taladro eléctrico con mango secundario y tope de profundidad

Elección de velocidad

A pesar de que algunos taladros básicos presentan una variedad limitada de velocidades fijas que pueden elegirse por medio de un interruptor, la mayoría de los taladros son herramientas de velocidad variable, controlada por la cantidad de presión aplicada sobre el gatillo.

Contramarcha

Un interruptor de contramarcha modifica el sentido de la rotación, de forma que el taladro puede utilizarse para extraer tornillos de madera.

Tamaño del aro

Un taladro que presenta un aro de 4,3 cm de diámetro (el estándar internacional) justo detrás del mandril aceptará accesorios o dispositivos adicionales de otros fabricantes del mismo sistema. Esto permite adquirir equipamientos más económicos o de mejor calidad que los del fabricante del taladro.

TALADROS INALÁMBRICOS

En lo que respecta al rendimiento, puede efectuarse una buena comparación entre los taladros inalámbricos más modernos y los taladros eléctricos. En comparación, los taladros inalámbricos son, además, livianos y producen menos ruido.

La mayoría de ellos presenta una capacidad de mandril de entre 1 y 1,3 cm, pero, si se utilizan brocas especiales, permiten taladrar orificios de hasta 3 cm de diámetro en la madera. Los taladros eléctricos con percutor (taladros combinados) permiten taladrar tanto mampostería como madera. La mayoría de los taladros inalámbricos posee mandriles sin llave.

Selector de velocidad/limitador de torque

Selector de engramaje

Mandril sin llave

Gatillo

Interruptor de contramarcha

Broca para destornillador

Paquete de batería

Brocas de taladros eléctricos

La mayoría de los taladros eléctricos presenta una capacidad de mandril, es decir, el tamaño máximo de la espiga de broca de taladro que acepta el mandril, de 1 ó 1,3 cm. El tamaño de espiga de una broca helicoidal o broca espiga comunes corresponde exactamente al tamaño del orificio que taladrará la broca en particular.

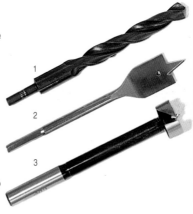

1 Broca helicoidal con espiga reducida
2 Broca de pala
3 Broca Forstner

Brocas helicoidales

A pesar de que las brocas helicoidales están diseñadas para trabajos en metal, pueden utilizarse, además, como brocas adecuadas para madera de uso general. Las brocas helicoidales de acero al carbono son perfectamente adecuadas para carpintería, pero dado que en algún momento, usted necesitará, casi con seguridad, taladrar metal, es conveniente invertir en las brocas de acero rápido más costosas. Las brocas helicoidales de entre 1,3 y 2,5 cm de diámetro se fabrican con espigas reducidas para adecuarse a mandriles de taladros eléctricos estándar.

Brocas espiga

La broca espiga es una broca helicoidal que posee una punta central para evitar que salte sobre la madera y dos espolones que permiten cortar orificios de borde limpio.

Brocas de pala

Son brocas de taladro económicas, fabricadas para taladrar eléctricamente grandes orificios de entre 6 mm y 3,8 cm de diámetro. Una larga punta de plomo permite obtener una buena colocación, incluso cuando se taladra en ángulo respecto del frente del trabajo.

Brocas para mampostería

Las brocas para mampostería son brocas helicoidales de acero con una punta de carburo de tungsteno soldada, diseñada para taladrar ladrillos, piedra o cemento.

Brocas de percusión

Estas brocas para mampostería presentan una punta a prueba de impacto diseñada para tolerar la vibración producida por el percutor.

DATOS ÚTILES

Trabajo con brocas helicoidales

• No es sencillo colocar brocas helicoidales en el punto ciego de un orificio, por ello, en especial cuando se taladran maderas macizas, es necesario marcar primero el centro del orificio, con un punzón de metal.

• Para evitar que la madera se astille, deje de ejercer presión sobre el taladro cuando la broca atraviese el trabajo.

• Conserve afiladas las brocas helicoidales y, antes de utilizarlas, elimine el polvo de madera que haya quedado en las estrías.

TÉCNICAS Y HERRAMIENTAS

109

1 Broca de avellanar
2 Broca para tarugos
3 Broca de avellanar combinada
4 Broca de rectificación combinada

Brocas Forstner

Las brocas Forstner permiten realizar orificios con fondo plano excepcionalmente limpios de hasta 5 cm de diámetro. Estas brocas no se desviarán ni siquiera a causa de nudos o de una veta irregular.

Brocas de avellanar

Estas brocas de taladro, similares a las brocas de avellanar fabricadas para taladros de mano y berbiquíes, se utilizan para realizar cavidades cónicas para cabezas de tornillos de madera. Centre la broca en un orificio roscado taladrado en la madera y accione el taladro eléctrico a máxima velocidad para obtener un acabado limpio.

SOPORTE VERTICAL PARA TALADRO

Un soporte vertical convierte a un taladro eléctrico portátil en un útil taladro de columna. Al bajar la palanca de avance, la broca de taladro desciende en dirección al trabajo. Cuando se suelta la palanca de avance, un resorte hace regresar el taladro, en forma automática, a su posición inicial.

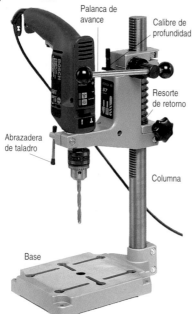

Palanca de avance

Calibre de profundidad

Resorte de retorno

Columna

Abrazadera de taladro

Base

Brocas de avellanar combinadas

Estas brocas especiales cortan, en un solo paso, un orificio piloto, un orificio roscado y un avellanado para un tornillo de madera.

Brocas de rectificación combinadas

En lugar de cortar una cavidad cónica para la cabeza de un tornillo, este tipo de broca realiza un orificio perfecto que permite pasar el tornillo por debajo de la cara de la pieza.

Brocas para tarugos

Al introducir una broca para tarugos en la veta lateral es posible cortar un tarugo cilíndrico de madera que coincide con el orificio de una broca de rectificación combinada. Corte tarugos de madera que correspondan al color y diseño de la veta del trabajo.

Brocas para destornillador

Se requieren diferentes brocas para tornillos con ranura y de cabeza cruciforme. Coloque la broca de destornillador en la ranura del tornillo, antes de encender el taladro.

Destornilladores

Hoy en día, una gran cantidad de carpinteros utiliza destornilladores eléctricos, pero en realidad, sólo se necesita un puñado de destornilladores básicos para ajustar tornillos simples de ranura recta y cabeza cruciforme.

De punta recta

El destornillador de carpintero estándar de uso general posee un mango relativamente largo, de madera o plástico con forma oval que resulta cómodo. La punta recta tradicional puede estar incorporada en un eje cilíndrico o ahusado y luego a una punta cónica. La punta debe calzar bien en la ranura del tornillo, por ello es conveniente invertir en una variedad de destornilladores de diversos tamaños.

De punta Phillips

Los tornillos de madera tradicionales y los tornillos helicoidales dobles modernos de acción rápida presentan ranuras con forma de cruz para mejorar el contacto entre la punta del destornillador y el tornillo. Estos destornilladores presentan puntas cónicas con cuatro estrías.

Brocas para destornillador

Se comercializan brocas con ranura recta y en estrella para usarlas con destornilladores eléctricos o taladros eléctricos de velocidad variable.

1 Destornillador de punta recta moderno
2 Destornillador de punta recta tradicional
3 Destornillador de trinquete
4 Destornillador en estrella
5 Destornillador punta Phillips

Destornillador acodado

Es una barra acodada de metal, moldeada en cada extremo para formar una punta recta o en estrella. Es ideal para insertar juntas prefabricadas que resultarían inaccesibles si se utilizara un destornillador convencional.

▶ Grapas de carpintería

Las juntas estancas de carpintería están diseñadas para asegurar un área de contacto óptimo entre los componentes, de forma que puedan unirse con un adhesivo. El uso de grapas consiste en ayudar a armar la pieza de trabajo y mantener unidas las partes mientras se seca el adhesivo.

Las grapas móviles se utilizan para armar marcos, paneles y estructuras de gran tamaño. Una grapa móvil posee una mordaza que se ajusta con un tornillo, unida a un extremo de una barra plana de acero.

Las grapas de acción rápida se ajustan con rapidez para adecuarse al tamaño del trabajo. Existen diversas versiones.

La grapa en G es una excelente grapa de uso general que se utiliza, con frecuencia, para sujetar la madera al banco mientras se trabaja sobre el mismo. El marco, por lo general de hierro fundido, forma una mordaza fija.

Un tornillo de mano es una grapa tradicional con anchas mordazas de madera que puede utilizarse para ejercer presión en forma pareja sobre un área amplia. Resulta particularmente útil para armar marcos en falsa escuadra o para sujetar piezas cónicas.

Una grapa de inglete sujeta juntas de inglete adheridas en los ángulos correctos y evita que los componentes de deslicen mientras se introducen los clavos de refuerzo.

1   2   3

6

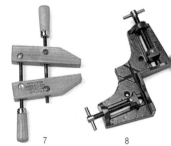

7   8

4

5

1 Grapa de tubo
2 Grapa móvil
3 Grapa de acción rápida
4 Grapa en G

5 Grapa en G de largo alcance
6 Grapa corta de acción rápida
7 Tornillo de mano
8 Grapa de inglete

Adhesivos para carpintería

Hoy en día, los carpinteros pueden elegir entre diversos adhesivos excelentes con propiedades diferentes, y la mayoría de ellos puede formar una unión tan resistente que la línea de adhesivo resulta más fuerte que las fibras de madera cercanas.

Colas de origen animal

La cola de carpintero tradicional aún se fabrica con cuero y huesos de animales para proporcionar la proteína que brinda su calidad adhesiva. A pesar de que en algún momento fue el principal adhesivo de carpintería, hoy en día la cola de origen animal no se utiliza comúnmente, salvo para chapas de madera fabricadas a mano, donde su calidad termoplástica resulta, en especial, ventajosa.

▲ Las "perlas" de cola de origen animal se disuelven en agua en un recipiente de doble pared para cola.

Adhesivos de fusión en caliente

El adhesivo de fusión en caliente se comercializa en forma de varillas cilíndricas y se aplica con una "pistola" especial que se calienta en forma eléctrica. Este tipo de adhesivo resulta conveniente y seca en segundos, lo que lo hace ideal para construir modelos a escala y plantillas para taladrar.

Adhesivos de PVA

Uno de los adhesivos para carpintería más económicos y convenientes es la "cola blanca" o "cola vinílica", una emulsión ya preparada de acetato de polivinilo (PVA) suspendido en agua que seca cuando el agua se evapora o es absorbida por la madera.

Es una excelente cola no tóxica para madera, de uso general, y puede conservarse por tiempo casi indefinido si se la almacena en un lugar cálido. A pesar de que la línea de cola resistente y semiflexible puede deslizarse, esto no ocurre con frecuencia, salvo cuando una junta se somete a esfuerzo durante un tiempo prolongado.

▼ Pistola para adhesivo de fusión en caliente y varillas de adhesivo.

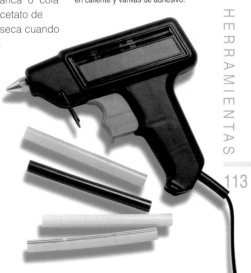

APLICACIÓN DE ADHESIVOS

A menos que se vendan con un aplicador, es posible aplicar adhesivos con un pincel, una varilla plana o un rodillo. Siga siempre las instrucciones del fabricante para preparar el adhesivo.

Pincel para adhesivo
Un freno de alambre tensa las cerdas de un pincel para cola. Puede quitarse cuando se gastan las cerdas.

Jeringa para adhesivo
Utilice una jeringa plástica para aplicar una cantidad exacta de adhesivo para carpintería cuando necesite adherir juntas inaccesibles.

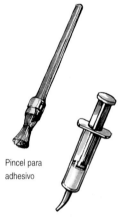

Pincel para adhesivo

Jeringa para adhesivo

DATOS ÚTILES

Preparación de la superficie
• Para que el adhesivo sea efectivo, la unión de las superficies debe prepararse de manera adecuada; deben estar limpias, libres de grasa, lisas y suaves.
• No se recomienda desbastar las superficies para obtener una mejor adhesión para juntas de madera.

Contenido de humedad
El contenido de humedad de la madera puede afectar la calidad de una junta. Si supera el 20 %, es probable que algunos adhesivos no sequen nunca de manera satisfactoria.

Adhesivos de urea-formaldehído

El adhesivo de urea-formaldehído es un excelente adhesivo de relleno, resistente al agua, que fragua por reacción química. Puede adquirirse en polvo y, una vez mezclado con agua, se aplica sobre ambas superficies de unión.

Adhesivos de resina de resorcina

El adhesivo de resina de resorcina, similar en varios aspectos a los adhesivos de urea-formaldehído, es completamente impermeable. Es un adhesivo de dos componentes que comprende una resina y un endurecedor separado.

Adhesivos de poliuretano

Estos adhesivos impermeables pueden crear una unión particularmente resistente en situaciones complicadas, en especial cuando se intenta adherir veta final con veta transversal. Las fibras de veta final tienden a absorber adhesivos sobre la base de agua y a hincharse, para luego encogerse cuando desaparece la humedad. Algunas veces, esto puede debilitar la unión. Los adhesivos de poliuretano se expanden cuando fraguan, lo que permite superar el problema. Una vez secos, estos adhesivos no se contraen ni expanden, y pueden teñirse y lijarse.

Adhesivos de contacto

Un adhesivo de contacto se aplica en forma de capa delgada sobre ambas superficies de unión. Una vez seco el adhesivo, se unen los dos elementos y la adhesión es instantánea. Las versiones modificadas permiten ajustar las posiciones de los elementos hasta que se aplica presión con un bloque de madera o rodillo, lo que provoca la adhesión. Este tipo de adhesivos se utiliza en gran medida para adherir laminados de melamina para mesadas de cocina.

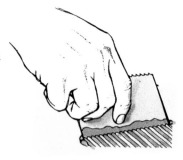

▲ Aplique el adhesivo de contacto con el aplicador que se vende con el producto.

Adhesivos de resina epoxy

El adhesivo epoxy es un adhesivo sintético de dos componentes que comprende una resina y un endurecedor, por lo general, mezclados en iguales proporciones justo antes de la aplicación. El tipo más común de adhesivo epoxy es de uso general (se comercializa en tubos), para adherir diversos materiales. Dado que es relativamente espeso, no resulta en realidad adecuado para carpintería. No obstante, pueden adquirirse versiones líquidas del adhesivo, desarrolladas para adherir madera.

Los adhesivos epoxy fraguan por reacción química y forman una línea de adhesivo transparente y resistente. Los adhesivos epoxy estándar demoran algunas horas en secar por completo, pero también existen los adhesivos de secado rápido.

Adhesivos de cianoacrilato

Los adhesivos de cianoacrilato, "súper adhesivos", son casi adhesivos universales. Permiten adherir una gran cantidad de materiales, incluso piel humana, por ello es necesario tomar precauciones cuando se los manipula y contar con un disolvente para súper adhesivos en el taller.

Los súper adhesivos deben utilizarse en forma escasa. La mayoría son líquidos ligeros, pero también existe una versión en gel. Son utilizados comúnmente por torneros y talladores para efectuar reparaciones rápidas.

¿Quiere saber más?

Pase al siguiente nivel...

Remítase a...
• **Relleno de grietas y orificios** -págs. 148 a 150
• **Lijado eléctrico** -págs. 157 a 161
• **Tintes y tinturas** -págs. 165 a 171

Otras fuentes
• En algunas páginas web, hay información sobre herramientas de calidad y equipos para torneros, talladores y carpinteros.

Realización

de juntas

El ensamble, es decir, la realización de juntas, es un tema central de la carpintería. Sin los medios para conectar piezas de madera, la construcción de muebles y muchos otros objetos de madera, sería imposible. Existe una gran cantidad de tipos diferentes de juntas, algunas más complejas que otras, con diversos propósitos.

▶ Juntas a tope

La junta a tope es la más simple de todas, un miembro se encuentra con el otro sin elementos entrelazados cortados en las partes. No es una junta resistente y con frecuencia debe reforzarse de alguna forma. Las juntas a tope en ángulo recto se utilizan para la construcción de marcos livianos y cajas pequeñas. Los extremos de la junta pueden ser cortados en línea recta o en inglete.

Junta a tope con extremos rectos

Es posible realizar marcos planos y estructuras sencillas de cajas por medio de juntas de esquina cortadas en línea recta. Dado que el adhesivo, por sí solo, rara vez es suficiente para realizar una junta a tope firme, una las partes con clavos finos o bloques de madera con adhesivo.

Junta en forma de caja

Junta plana

1 Corte de la junta

Marque cada pieza de madera a lo largo con un cúter y un cartabón para trazar los márgenes de la junta en todas las caras. Sujete el trabajo con una grapa de banco (ver la página siguiente), y sierre cada margen hacia abajo, desde el costado de descarte de la línea trazada.

2 Corte recto de los extremos

Para todos los trabajos más básicos, desbaste los extremos en línea recta para formar una junta a tope prolija,

con un cepillo de banco y un tablero de ajuste (ver página siguiente). Ajuste el cepillo para efectuar un corte fino y lubrique las superficies de apoyo del tablero de ajuste con vela blanca o encáustico.

Refuerzo de una junta a tope

Para mayor resistencia, coloque clavos en ángulo en la madera, tal como se muestra abajo, o bien adhiera un bloque en esquina en el interior para obtener un acabado más prolijo.

REALIZACIÓN DE JUNTAS

▲ Corte de la junta.

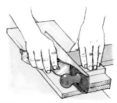

▲ Corte de extremos rectos.

▲ Refuerzo de una junta a tope con extremos rectos.

Junta de inglete

Es la junta clásica de marcos para cuadros. La junta de inglete permite obtener una prolija esquina en ángulo recto, sin veta final visible. Cortar la madera a 45 grados produce un área de superficie relativamente amplia de veta cortada en forma tangente que se adhiere bien. Para marcos livianos, sólo agregue un adhesivo y coloque la junta en una grapa de inglete.

Junta de inglete en forma de caja

Corte de ingletes precisos

Antes de elegir una sierra, asegúrese siempre de que el inglete esté exactamente a mitad del ángulo de la junta, ya que de lo contrario, la junta presentará una separación. Además, utilice madera cuyo secado haya sido adecuado, si no puede abrirse una grieta.

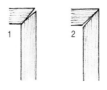

Junta de inglete plana

▲ Las separaciones en los ingletes pueden ser provocadas por: 1 Corte inadecuado; 2 Encogimiento.

FABRICACIÓN DE UNA GRAPA DE BANCO

Corte una tabla base de aproximadamente 25 x 20 cm de madera maciza de veta cerrada, como haya o arce, de 1,8 cm de grosor. Corte dos topes de 15 cm de largo y 3,8 cm de ancho. Encole y clave los bloques con espigas en línea recta con los extremos de la tabla base, sobre caras opuestas. Inserte los bloques 2,5 cm desde cada extremo largo; esto permite que tanto carpinteros diestros como zurdos puedan utilizar la guía.

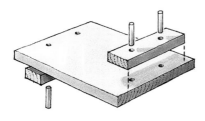

FABRICACIÓN DE UN TABLERO DE AJUSTE

Corte dos tablas de 60 cm de largo, una de 22,5 x 2,5 cm de madera maciza de veta cerrada y la otra de 15 x 2,5 cm de madera maciza. Adhiera las tablas cara contra cara para formar un escalón.

Para obtener una versión de corte recto, adhiera y clave un tope con espigas en un extremo, en ángulo recto con el borde escalonado.

Para obtener un tablero de ajuste de inglete, coloque dos topes en el centro, a 45 grados con el borde escalonado.

Coloque un listón en la parte inferior, para clavar la plantilla para taladrar en un torno de banco. En forma alternativa, deje lisa la parte inferior y clave la plantilla para taladrar entre topes de banco.

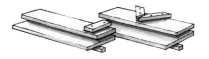

▲ Corte de la junta.

▲ Desbastado de la junta.

▲ Desbastado de una tabla ancha.

1 Corte de la junta

Sobre cada trozo de madera, trace el margen inclinado de la junta con un cúter y un cartabón de inglete. Extienda la línea trazada a través de las caras adyacentes con un cartabón. Para eliminar el descarte, siga a ojo las líneas trazadas o bien utilice una caja de inglete para guiar la hoja de la sierra.

2 Desbastado de la junta

Sujete el trabajo sobre un tablero de ajuste de inglete y desbaste cada extremo de corte con un cepillo de banco afilado para darle a los ingletes un acabado prolijo.

USO DE UNA SIERRA DE INGLETE

Es conveniente utilizar una plantilla para taladrar denominada "sierra de inglete" para cortar trozos más grandes o secciones con molduras. La pieza puede sujetarse en forma vertical u horizontal sobre la base de la herramienta. La guía de la sierra, que puede ajustarse a cualquier ángulo, garantiza juntas precisas.

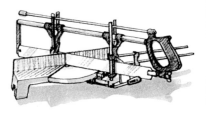

Desbastado de una tabla ancha

Dado que resulta imposible realizar un inglete en un trozo ancho de madera sobre un tablero de ajuste, sujete el trabajo en posición vertical en un torno de banco y desbaste la veta final con un cepillo de bloque finamente ajustado. Para evitar las separaciones, apoye el trabajo contra un sobrante de madera.

Refuerzo de juntas de inglete

La forma más sencilla de reforzar una junta de inglete consiste en colocar clavos a través de la junta una vez seco el adhesivo.

En forma alternativa, pueden utilizarse falsas lengüetas de chapa de madera o cuñas de madera terciada.

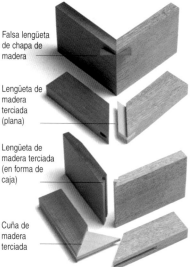

Falsa lengüeta de chapa de madera

Lengüeta de madera terciada (plana)

Lengüeta de madera terciada (en forma de caja)

Cuña de madera terciada

▲ Refuerzo de juntas de inglete

Juntas de canto

Lengüeta

Las juntas de canto se utilizan para unir tablas angostas con el fin de formar un gran panel, como la tapa de una mesa. Con un adhesivo moderno para madera, incluso una junta a tope simple puede dar buenos resultados.

Junta a tope

La elección de la madera es tan importante como las juntas de canto, cuando se fabrica un panel ancho con madera maciza. Para asegurar que el panel permanezca plano, intente utilizar madera serrada en cuartos, es decir, con los anillos de crecimiento de la veta final perpendiculares a la cara de cada tabla. Antes de comenzar a trabajar, numere cada tabla y marque la cara.

Junta a tope

Junta machihembrada

Junta de rebaje y lengüeta

pares, coincidirán y permitirán obtener una superficie plana, incluso cuando los bordes no sean exactamente rectos.

Sujeción de juntas con grapas

Antes de aplicar el adhesivo, coloque las tablas preparadas en grapas móviles para controlar que las juntas calcen bien. Utilice al menos tres grapas, alternadas tal como se muestra, para contrarrestar cualquier arqueamiento.

Cepillado de bordes rectos

Con las caras hacia fuera, coloque ambas tablas espalda contra espalda y nivele con un torno de banco. Cepille los bordes rectos con el cepillo de banco más largo que pueda encontrar.

Control de bordes rectos

Es esencial que los bordes sean rectos si se desea utilizar una junta de panel; controle los bordes con una regla.

▲ Cepillado de bordes rectos.

▲ Control de bordes rectos.

Bordes coincidentes

Es bueno conservar los bordes tan rectos como sea posible. No obstante, si las tablas fueron cepilladas de a

121

▲ Bordes coincidentes.

▲ Sujeción de la junta con grapas.

REALIZACIÓN DE JUNTAS DE PANEL

Las juntas de canto pequeñas y cortadas con precisión pueden ensamblarse sin grapas. Aplique adhesivo en ambas partes y frótelas para comprimir el aire y el adhesivo hasta que la presión atmosférica sujete las superficies en contacto mientras se seca el adhesivo.

Junta machihembrada

Utilice un cepillo combinado para cortar a mano una junta machihembrada. Sujete el trabajo en un torno de banco, con el frente hacia usted. Ajuste la valla hasta que el cortante esté centrado sobre el borde del trabajo. Ajuste el tope de profundidad del cepillo para cortar una lengüeta del tamaño requerido y cepille para dar forma a la lengüeta. Elija un cortante de modular para cepillado que coincida con el ancho de la lengüeta y colóquelo en el cepillo. Ajuste la valla mientras coloca el cortante sobre la parte superior de la lengüeta, coloque el tope de profundidad para cortar un rebaje levemente más profundo que la lengüeta. Sujete la tabla no cortada en el torno de banco y corte la ranura.

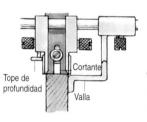

▲ Ajuste el cepillo para cortar la lengüeta.

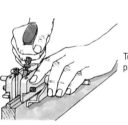

▲ Corte de la lengüeta.

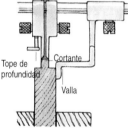

▲ Ajuste el cepillo para cortar la ranura.

UNA LENGÜETA SUELTA

Una lengüeta suelta posee tres ventajas sobre el uso de una integrada: evita la disminución del ancho de las tablas; proporciona a la junta una resistencia un poco mayor; y puede utilizarse un cepillo de modular simple para cortar las ranuras. Cepille un rebaje en el centro de cada tabla e inserte una lengüeta separada de madera terciada o madera maciza (preferiblemente de veta transversal). Coloque adhesivo en una ranura y coloque la lengüeta en el interior del mismo, luego coloque adhesivo en la otra ranura con ayuda de un pincel y ensamble la junta en grapas, tal como se describió con anterioridad.

Juntas de solapa

Una junta de solapa básica sólo es un poco más resistente que una junta a tope directa, pero implica un mejor aspecto ya que esconde la mayor parte de la veta final.

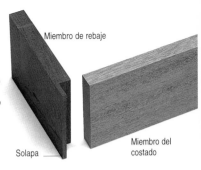

Miembro de rebaje

Miembro del costado

Solapa

1 Trazado del rebaje

Corte y cepille ambos miembros en línea recta. Coloque un gramil simple a aproximadamente un cuarto del grosor del miembro de rebaje y talle una línea a través de la veta final, del lado del frente. Continúe la línea sobre ambos bordes, hacia abajo, hasta el nivel del margen.

2 Marcado del margen

Coloque un gramil de cuchilla para que coincida con el grosor del miembro del costado y talle una línea de margen paralela a la veta final sobre la parte posterior del miembro de rebaje. Continúe la línea del margen a través de ambos bordes para unirla con las líneas ya talladas.

3 Corte de la junta

Sujete el miembro de rebaje en posición vertical en un torno de banco. Siga la línea tallada a través de la veta final y sierre hacia la línea del margen. Apoye el trabajo boca abajo sobre una grapa de banco y corte la línea del margen con una sierra de vaina para eliminar el descarte. Realice una junta limpiando el rebaje con un cepillo para márgenes.

4 Ensamblado de la junta

Encole y sujete la junta, luego coloque espigas para paneles o pequeños clavos de cabeza perdida a través del miembro del costado. Hunda las espigas y rellene los orificios.

JUNTA BISELADA

Es una clase de junta de inglete y de solapa que se utiliza para unir madera de extremo a extremo. Es posible serrar o cepillar las formas cónicas largas y superficiales, lo que proporciona un área amplia de adhesión. Realice las formas cónicas con un largo de al menos cuatro veces el grosor de la madera.

▲ Trazado del rebaje.

▲ Marcado del margen.

▲ Corte de la junta.

▲ Ensamble de la junta.

123

▶ Juntas de espiga

Una junta de espiga no es más que una junta a tope reforzada con espigas cortas de madera, pero a pesar de su simplicidad, es virtualmente tan resistente como una junta de encastre y espiga. No obstante, es considerablemente más sencilla de realizar.

Junta de marco

Travesaño

Montante

Juntas de espiga para marcos

Los marcos fabricados con juntas a tope de espiga poseen una resistencia sorprendente. En la mayoría de los casos, dos espigas por junta resultan suficientes.

Sierre cada componente a lo largo y desbaste los extremos del travesaño en línea recta, tal como se describe para realizar una junta a tope de extremos rectos (ver página 118). Deje más largo el montante o la pata de una junta de esquina hasta finalizar la junta.

Junta de canto

Sujete los dos componentes en un torno de banco con las superficies de unión a nivel. Utilice un cartabón para dibujar el centro de cada orificio de la espiga sobre ambos componentes y luego, talle una línea central sobre cada uno con un gramil simple.

Junta de una estructura

ESPIGAS

Si necesita sólo algunas espigas, córtelas de la longitud de una varilla de espiga. Coloque con firmeza la varilla sobre una grapa de banco y corte secciones cortas con una sierra de dientes finos. Cepille un chaflán en cada espiga con una lima y sierre una única ranura para adhesivo. Las espigas ya preparadas se fabrican con maderas fuertes de veta corta, como ramín.

Varilla de espiga

Espiga preparada

Espiga ranurada

▲ Juntas de espiga

124

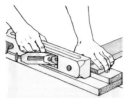

▲ Desbastado en línea recta.   ▲ Trazado de la junta.   ▲ Taladrado de los orificios de las espigas.

Taladre los orificios de las espigas donde se cruzan las líneas. Coloque la punta de una broca espiga sobre el centro marcado y taladre un orificio por vez. A menos que utilice una plantilla para taladrar espigas o un soporte para taladro, es conveniente que alguien le avise cuándo la broca del taladro se encuentra en posición vertical.

OTRAS TÉCNICAS DE TRAZADO

Uso de puntos centrales

Para mayor precisión en el trazado de juntas de espiga, dibuje los puntos centrales sólo sobre el extremo del travesaño, luego clave espigas para paneles donde se cruzan las líneas. Corte las cabezas de las espigas con pinzas y deje "puntas" cortas que se proyecten desde la veta final.

Luego, apoye la pata o montante de costado y presione el extremo del travesaño con firmeza contra el mismo para dejar dos perforaciones que marquen con exactitud los orificios centrales. Una plantilla para taladrar simple en ángulo recto mantiene los componentes alineados.

Junta de canto con espiga

Cuando se construye un panel ancho de madera maciza, puede realizarse una junta particularmente resistente entre las tablas por medio de la inserción de una espiga cada 22,5 a 30 cm.

Sujete las tablas adyacentes espalda contra espalda en un torno de banco y marque los centros de las espigas con un cartabón y un lápiz. Talle una línea hacia el centro de cada tabla con un gramil simple.

Si es posible, cuente con un asistente cerca para que pueda informarle cuándo la broca está en posición vertical mientras taladra cada orificio donde se cruzan las líneas trazadas.

Cada orificio debería ser un poco más profundo que la mitad de la espiga. Para poder taladrar orificios profundos en forma consistente, ajuste una guía plástica sobre la broca del taladro. Los topes de profundidad son bastante económicos, pero si lo prefiere, coloque una banda de cinta adhesiva alrededor de la broca del taladro para marcar el nivel apropiado.

▲ Trazado de una junta de canto.   ▲ Taladrado de los orificios.

PLANTILLAS PARA TALADRAR ESPIGAS

Es conveniente adquirir una plantilla para taladrar espigas para un proyecto que requiera una cantidad de juntas de espiga idénticas. La plantilla no sólo guía la broca para que taladre orificios perfectamente verticales, sino que, además, permite trazar cada junta por separado. Con plantillas de mayor calidad, es posible marcar tablas de mayor tamaño para carpintería así como también travesaños y montantes. La plantilla que aquí se muestra posee un cabezal o valla fija a partir de la cual se toman las mediciones y una valla deslizable que sujeta la plantilla para taladrar a la pieza.

Valla deslizable

Guía de broca de taladro

Valla fija

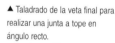

▲ Taladrado de la veta final para realizar una junta a tope en ángulo recto.

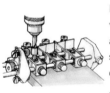

▲ Taladrado de orificios coincidentes en la otra pieza.

▲ Taladrado de orificios para realizar una junta en T.

▲ Uso de espigas en una junta de inglete para una estructura.

Juntas a tope para una estructura

Para una estructura con juntas a tope reforzadas con espigas múltiples, utilice una plantilla para taladrar espigas con varillas de deslizamiento extra largas y guías de broca de taladro adicionales.

1 Uso de espigas en una junta de esquina

Para una junta a tope en ángulo recto, taladre primero la veta final. Coloque las vallas del costado de la plantilla para taladrar para ubicar los orificios de las espigas en el centro del grosor de la pieza y ajuste las guías de broca de taladro para que las espigas presenten una separación de entre 5 y 7,5 cm.

2 Taladrado de orificios coincidentes

Sin modificar los ajustes, invierta la plantilla para taladrar y sujétela a la parte interna del otro componente con las vallas laterales a tope contra la veta final y la cabeza fija contra el borde del frente.

Realización de una junta en T

Para realizar una junta en T, taladre la veta final tal como se describió con anterioridad; retire las vallas laterales y sujete la plantilla para taladrar a través del componente coincidente.

Uso de espigas en una junta de inglete para una estructura

Ensamble una plantilla para taladrar similar a la utilizada para una junta a tope en ángulo recto y sujétela al extremo biselado de la pieza. Ajuste las guías de broca de taladro para orientar las espigas hacia el borde inferior del bisel. Después de taladrar los orificios de las espigas, transfiera la plantilla para taladrar a la otra tabla de inglete y taladre orificios coincidentes.

Juntas inglesas

Utilizada exclusivamente para la construcción de marcos, presenta un aspecto similar a la junta de encastre y espiga a pesar de que, en la mayoría de los casos, no es tan resistente.

Miembro de espiga
Miembro de encastre

Junta inglesa de esquina

Junta inglesa de esquina

Una junta inglesa de esquina resulta adecuada para marcos relativamente livianos, si no se los somete a presión lateral.

1 Trazado de los márgenes

Marque márgenes rectos alrededor de cada miembro de espiga con un cúter de trazado, pero aplique una leve presión sobre ambos bordes. Trace el miembro de encastre de forma similar, pero esta vez, utilice un lápiz.

2 Tallado de la espiga

Coloque las puntas de un gramil doble a un tercio del grosor de la madera y ajuste la valla de la herramienta para centrar las puntas sobre el borde del trabajo. Talle el ancho de la espiga sobre ambos bordes y a través del extremo.

3 Trazado del encastre abierto

Utilice el mismo gramil para trazar los costados del encastre abierto, luego tome un cúter de trazado y marque los márgenes cortos en la base del encastre, entre las líneas trazadas por el gramil.

4 Corte del encastre abierto

Elija una broca de taladro que se aproxime al ancho del encastre y taladre un orificio en la madera de

descarte, justo sobre la línea del margen, a lados opuestos de la junta. Coloque la madera en un torno de banco y sierre el costado de descarte de ambas líneas trazadas por el gramil. Talle el margen recto.

5 Corte de la espiga

Con el trabajo sujeto en un torno de banco, sierre ambos costados de la espiga hacia el margen. Apoye la pieza de costado sobre una grapa de banco y sierre cada línea del margen para eliminar la madera de descarte.

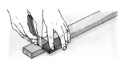

▲ Trazado del margen.

▲ Corte del encastre abierto.

▲ Tallado de la espiga.

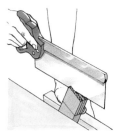

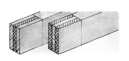

▲ Trazado completo de la espiga y el encastre.

▲ Corte de la espiga.

Junta inglesa de inglete

La junta de inglete se corta de forma similar a la junta de esquina convencional, pero es una alternativa más atractiva para marcos ya que la veta final se aprecia solamente sobre uno de los bordes.

Miembro de espiga

Miembro de encastre

1 Trazado de la junta

Corte los componentes a lo largo con exactitud. Trace el ancho de las partes sobre cada extremo y marque los márgenes rectos todo por alrededor con un cartabón y un lápiz. Trace la cara inclinada del inglete sobre ambos costados de cada componente con un cúter y un cartabón de inglete.

2 Uso de un gramil para realizar la espiga y el encastre abierto

Coloque las clavijas de un gramil doble a un tercio del grosor de la madera y ajuste la valla para centrar el par de clavijas sobre el borde del trabajo. Talle

▲ Trazado de la junta.

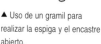

▲ Uso de un gramil para realizar la espiga y el encastre abierto.

▲ Corte del encastre abierto.

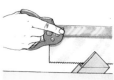

▲ Corte de la espiga.

el ancho de la espiga sobre el borde interno y a través de la veta final del miembro correspondiente. Talle líneas similares sobre el miembro de encastre a través del extremo y sobre ambos bordes.

3 Corte del encastre abierto

Corte la madera de descarte del encastre tal como se describe en el caso de juntas inglesas de esquina tradicionales; luego sujete el trabajo sobre una grapa de banco y sierre por la línea trazada para realizar un inglete en ambas caras de la junta. Si los ingletes no son perfectos, utilice un cepillo de bloque.

4 Corte de la espiga

Sujete el miembro de espiga en ángulo en un torno de banco y sierre hacia el margen del inglete sobre ambos costados de la espiga; mantenga la hoja de la sierra justo del lado de descarte de la línea. Sujete el trabajo sobre una grapa de banco y sierre a lo largo de ambos márgenes de inglete para eliminar el descarte. Si fuera necesario, desbaste las superficies de inglete con un cepillo para márgenes.

Junta inglesa en T

La junta inglesa en T se utiliza como soporte intermedio para un marco.

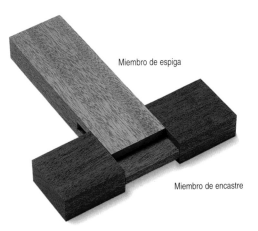

Miembro de espiga

Miembro de encastre

1 Trazado de los márgenes

Trace el ancho del miembro de encastre sobre el miembro de espiga con un cúter de trazado para marcar márgenes rectos todo por alrededor.

2 Uso de un gramil para realizar la junta

Coloque las clavijas de un gramil doble a un tercio del grosor de la madera y ajuste la valla para centrar el par de clavijas sobre el borde de la pieza. Talle líneas paralelas entre los márgenes trazados sobre el miembro de espiga y luego, trace líneas similares sobre el extremo y ambos bordes del miembro de encastre.

3 Corte del encastre abierto

Corte el encastre, tal como se describe en el caso de juntas inglesas de esquina. En forma alternativa, sierre ambos lados del encastre abierto con una sierra de vaina y luego, utilice una sierra de calar para eliminar el descarte, cortando tan cerca del margen como sea posible.

4 Trazado del miembro de espiga

Sobre ambos costados del miembro de espiga, sierre los márgenes hasta las líneas trazadas por el gramil y luego, realice tres o cuatro cortes similares entre los mismos. Con el trabajo apoyado con firmeza, retire el descarte con un mazo y un formón desde cada borde hacia el centro. Después de ensamblar la junta, deje secar el adhesivo.

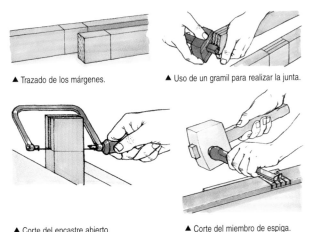

▲ Trazado de los márgenes.

▲ Uso de un gramil para realizar la junta.

▲ Corte del encastre abierto.

▲ Corte del miembro de espiga.

VERSIÓN PATA DE MESA

Para construir una junta para una pata recta del marco inferior de una mesa, realice la "espiga" de aproximadamente dos tercios del grosor del travesaño. Acode el encastre abierto de forma que la parte posterior de la mesa, levemente inclinada, permita esconder la veta final de la pata.

▶ Trabajos de fijación

Un trabajo de fijación es una ranura cortada en forma transversal a la veta. Cuando se utiliza como junta, fija el extremo de una tabla, un estante fijo o panel dividido. La fijación puede finalizar un poco antes del borde frontal, pero para piezas de menor importancia, la junta puede sobresalir como una fijación pasante.

Panel lateral

Estante

Junta de fijación pasante

Junta de fijación pasante

Esta junta sencilla puede apreciarse sobre los bordes frontales de los paneles laterales. Resulta adecuada para estanterías rústicas o para armarios con puertas incorporadas que cubren los bordes frontales. Si se planea utilizar perfiles en las tablas, es mejor aplicar primero los perfiles para facilitar su cepillado a nivel.

1 Trazado de la cara del panel lateral

Mida el ancho de la fijación desde el estante y luego talle las dos líneas a través de la pieza con ayuda de un cartabón y un cúter de trazado.

2 Trazado de los bordes

Trace las mismas líneas rectas sobre los bordes del panel y luego talle una línea entre ellos con ayuda de un gramil simple a aproximadamente 6 mm.

3 Serrado de los márgenes de la fijación

Para facilitar la colocación de una sierra en forma transversal a un panel ancho, tome un formón y realice una ranura superficial con forma de V hasta la línea trazada sobre ambos lados de la fijación; luego utilice una sierra de vaina para cortar cada margen hacia las líneas talladas sobre cada borde.

4 Eliminación del descarte

Retire con un formón el descarte de un panel angosto, desde cada costado hacia el centro.

▲ Trazado de la cara del panel lateral.

▲ Trazados de los bordes.

▲ Serrado de los márgenes de la fijación.

▲ Eliminación del descarte.

Ensamble en cola de milano para fijación

Al cortar a mano este ensamble, incorpore una cola de milano sencilla a lo largo de un costado de la fijación. Las colas de milano de lado doble pueden cortarse mejor con una ranuradora eléctrica. Dado que el miembro de estante debe deslizarse hasta su lugar desde un extremo de la fijación, la junta debe cortarse con precisión.

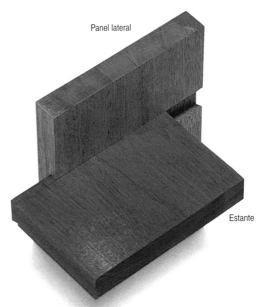

Panel lateral

Estante

1 Trazado del margen

Coloque un gramil de cuchilla a aproximadamente un tercio del grosor de la madera y talle una línea de margen sobre la parte inferior del estante. Utilice un cartabón y un lápiz para continuar la línea a través de ambos bordes.

2 Trazado del ángulo de la cola de milano

Coloque una escuadra deslizable en ángulo con la cola de milano (ver páginas 79 a 80), y trace la inclinación del ensamble desde la esquina inferior hasta las marcas dibujadas sobre ambos bordes.

3 Emparejado de la inclinación

Sierre a lo largo de la línea del margen hasta la base de la inclinación y luego elimine el descarte con un formón. Para mantener constante el ángulo, utilice un bloque de madera con forma para guiar la hoja.

4 Corte de la fijación

Trace la fijación tal como se describe en la página anterior y utilice una escuadra deslizable para trazar la cola

de milano sobre ambos bordes del panel. Sierre ambos márgenes con un bloque biselado de madera para guiar la hoja de la sierra al cortar la cola de milano. Retire el descarte con un cepillo ranurador o utilice un cincel de borde biselado para limpiar la base del corte.

▲ Trazado del margen.

▲ Trazado del ángulo de cola de milano.

▲ Emparejado de la inclinación.

▲ Corte de la fijación.

Junta con tope para fijación

Para obtener un efecto decorativo, por lo general, la fijación finaliza un poco antes del borde frontal del panel lateral, a aproximadamente entre 9 y 12 mm. En algunos casos, el estante también finaliza un poco antes y calza con exactitud en la fijación. Esto resulta útil cuando se construye un armario con puertas empotradas. No obstante, por lo general, el borde frontal del estante se entalla para que el borde frontal del mismo finalice a nivel del panel lateral. Las instrucciones a continuación explican cómo cortar la junta con herramientas de mano, pero puede utilizarse una ranuradora eléctrica para cortar una fijación con tope.

Panel lateral

Estante

1 Entallado del estante

Coloque un gramil simple a la profundidad de cepillado de la fijación y utilícelo para trazar el entalle sobre la esquina frontal del estante. Corte el entalle con una sierra de vaina.

2 Trazado de la fijación

Utilice el estante entallado para trazar las dimensiones de la fijación y luego talle las líneas a través del panel lateral con un cartabón y un cúter de trazado. Talle el extremo con tope de la fijación con un gramil simple.

3 Corte del extremo con tope

Para proporcionar espacio para serrar la fijación, taladre primero para eliminar el descarte en el extremo con tope y desbaste los márgenes en línea recta con un formón.

4 Serrado de la fijación

Sierre a lo largo de los márgenes tallados hasta la base de la fijación y luego elimine el descarte con un formón desde el borde posterior, o utilice un cepillo ranurador.

▲ Entallado del estante.

▲ Trazado de la fijación.

▲ Corte del extremo con tope.

▲ Serrado de la fijación.

Junta descubierta para fijación

La junta descubierta para fijación es una variante de la junta de solapa básica adaptada para construir marcos para cajas o esquineros en madera. La fijación no debe ser más profunda que aproximadamente un cuarto del grosor de la madera, y de alrededor del mismo ancho.

Panel lateral

Estante

1 Trazado de la fijación

Corte y cepille los bordes de ambos componentes en línea recta. Coloque un gramil de cuchilla al grosor del miembro horizontal y talle levemente el borde inferior de la fijación a través del panel lateral y hasta ambos bordes. Reajuste el gramil y talle el borde superior de la fijación de la misma forma.

2 Trazado de la lengüeta

Utilice el gramil con la misma fijación para trazar la lengüeta sobre el extremo y hasta ambos bordes del miembro horizontal, desde el lado del frente.

3 Trazado del margen del rebaje

Reajuste el gramil a aproximadamente un tercio del grosor del panel lateral y trace la línea del margen del rebaje a través del lado del frente y hasta ambos bordes del miembro horizontal. Forme el rebaje eliminando el descarte con una sierra y alise los bordes ásperos con un cepillo para márgenes.

4 Corte de la fijación

Trace la profundidad de la fijación sobre los bordes del panel lateral y elimine el descarte con una sierra y un formón, tal como se describe en el caso de una junta de fijación pasante (ver página 130).

▲ Trazado de la fijación.

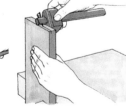

▲ Trazado de la lengüeta.

▲ Trazado del margen del rebaje.

▲ Corte de la fijación.

▶ Juntas a media madera

Las juntas a media madera se emplean exclusivamente para marcos y se utiliza madera de igual grosor para ambos componentes de la junta.

Divisor

Trave

Junta cruzada a media madera

En el caso de una junta cruzada a media madera, ambas mitades de la junta son idénticas. A pesar de que la junta presenta la misma resistencia independientemente de la forma en que se dispongan los componentes, por lo general, el miembro vertical o divisor pareciera extenderse a lo largo. No obstante, en realidad, se elimina la mitad del grosor de cada trozo de madera.

Junta cruzada a media mac

1 Trazado de los márgenes

Apoye ambos componentes uno junto al otro y talle las líneas del margen a través de los mismos, con un cartabón

y un cúter de trazado. Continúe ambos grupos de líneas trazadas hasta la mitad de cada borde.

2 Trazado de la profundidad de la junta

Coloque un gramil simple a exactamente la mitad del grosor de la madera y talle una línea entre los márgenes trazados sobre los bordes de ambos componentes.

3 Corte de la junta

Sierre hasta la mitad a través de ambos trozos de madera del lado del descarte de cada línea de margen. Divida la madera de descarte entre los márgenes con uno o dos cortes de sierra adicionales.

4 Corte del descarte

Sujete el trabajo en un torno de banco y retire el descarte con un formón, desde cada lado hasta el centro de cada componente. Alise la base de cada cavidad resultante con un formón.

▲ Trazado de los márgenes.

▲ Trazado de la profundidad de la junta.

▲ Corte de la junta.

▲ Eliminación del descarte.

REALIZACIÓN DE JUNTAS

134

Junta de esquina a media madera

Es posible construir un marco sencillo por medio de una junta a media madera en cada esquina. No obstante, dado que este tipo de junta basa su resistencia, casi por completo, en el adhesivo, puede ser necesario reforzarla con tornillos de madera o colas de milano de madera maciza. La junta de inglete a media madera es una versión refinada, pero presenta un área de adhesión incluso menor.

Junta de esquina a media madera.

Junta de inglete a media madera.

1 Trazado básico

Apoye los componentes uno junto al otro y trace la línea del margen a través de ambos. Continúe las líneas debajo de cada borde.

2 Uso de un gramil para trazar la profundidad

Coloque un gramil simple a mitad del grosor de la madera y talle una línea hacia arriba por ambos bordes y a través de la veta final. Elimine el descarte con una sierra de vaina cortando hacia abajo desde la veta final y serrando luego a través del margen.

3 Trazado de una esquina de inglete

Trace y corte un componente tal como se describió con anterioridad y luego, corte la solapa a 45 grados. Talle la línea del margen en ángulo a través de la cara del segundo componente con un cúter y un cartabón de inglete y luego talle la línea central hacia arriba por el borde interno y a través de la veta final.

4 Corte en ángulo del margen

Sujete el trabajo en ángulo en un torno de banco y sierre sobre el costado de descarte de la línea central hasta el margen. Apoye el trabajo sobre una grapa de banco y elimine el descarte con una sierra hacia abajo por la línea del margen.

▲ Trazado de la junta a media madera básica.

▲ Uso de un gramil para trazar la profundidad.

▲ Trazado de una esquina de inglete.

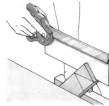

▲ Corte en ángulo del margen.

Junta en T a media madera

La junta en T a media madera, una forma de unir un soporte intermedio con un marco, es una combinación de la versión cruzada a media madera y de esquina a media madera.

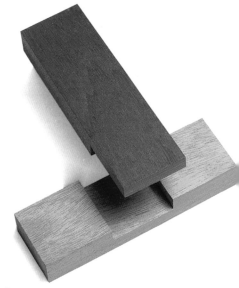

1 Trazado de la junta

Tome las dimensiones de los componentes de importancia, talle las líneas del margen con un cúter y un cartabón y talle la profundidad de la junta sobre cada pieza con un gramil simple.

2 Corte de la cavidad

Elimine con un formón el descarte entre los márgenes. Utilice el borde largo de la hoja del formón para verificar que la base de la cavidad sea plana.

3 Serrado de la solapa

Sierre hasta el margen con la hoja de la sierra justo del lado de descarte de la línea trazada con el gramil. Resulta sencillo mantener vertical el corte si se inclina el trabajo hacia delante mientras se sierra hacia abajo por un borde. Gire el trabajo y sierre hacia abajo por el otro borde y luego, para finalizar, sierre en línea recta hasta el margen.

4 Eliminación del descarte

Con la madera apoyada sobre una grapa de banco, sierre hacia abajo por la línea del margen para eliminar el descarte. Si fuera necesario, desbaste el margen en línea recta con un formón o cepillo para márgenes (ver página 96).

▲ Trazado de la junta.

▲ Corte de la cavidad.

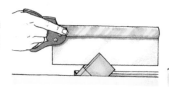

▲ Serrado de la solapa.

▲ Eliminación del descarte.

Ensamble en cola de milano para fijación

Incorpore una cola de milano para aumentar la resistencia de una junta en T a media madera. Esta junta de mayor resistencia sólo es un poco más complicada de realizar que la junta de margen recto estándar, pero se justifica el esfuerzo.

1 Trazado de la cola de milano de solapa

Luego de trazar y cortar una solapa de forma convencional, utilice una plantilla (ver recuadro, derecha) y un cúter para trazar la cola de milano sobre la pieza.

2 Realización de la cola de milano de solapa

Sierre los márgenes cortos sobre ambos costados de la solapa y luego elimine el descarte con un formón para dar forma a los costados inclinados de la cola de milano.

3 Trazado y corte de la cavidad

Utilice la solapa con la cola de milano como plantilla y talle los márgenes de la cavidad sobre el miembro cruzado. Trace la profundidad de la cavidad con un gramil simple (ver páginas 80 a 83) y elimine luego la madera de descarte con una sierra de vaina y un formón.

FABRICACIÓN DE UNA PLANTILLA

Corte una lengüeta cónica de madera terciada con un lado en ángulo para trazar colas de milano en madera blanda y el otro para colas de milano de madera maciza (ver página 141). Adhiera la lengüeta dentro del corte de la ranura de un bloque de madera maciza.

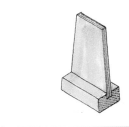

▲ Trazado de la cola de milano de solapa.

▲ Realización de la cola de milano de solapa.

▲ Trazado de la cavidad.

► Juntas de encastre y espiga

Junta pasante de encastre y espiga.

Trav

Pata o montante.

En la versión más sencilla de esta junta utilizada desde hace siglos, la espiga (una lengüeta) se ajusta dentro de una ranura (el encastre) cortada en un montante o pata.

Juntas pasantes de encastre y espiga

La junta pasante, donde la espiga pasa justo a través de la pata, se utiliza en gran medida para todo tipo de marcos estructurales.

Trace la posición y longitud del encastre utilizando el travesaño como plantilla. Trace líneas rectas con un lápiz (1), todo por alrededor. Coloque un gramil doble para que coincida con el ancho del gramil doble a ser utilizado y luego, talle el encastre en forma central entre las líneas rectas sobre ambos bordes (2).

Trace los márgenes sobre el travesaño con un cúter de trazado (3). Sin ajustar las fijaciones, utilice el gramil doble para tallar la espiga sobre ambos bordes y a través de la veta final del travesaño (4).

DATOS ÚTILES

Proporciones de un encastre y espiga

Corte la espiga para una junta estándar de aproximadamente un tercio del grosor del travesaño y determine el tamaño exacto por medio del formón utilizado para cortar el encastre. El grosor de la espiga puede aumentar cuando el miembro de encastre o pata es más grueso que el travesaño.

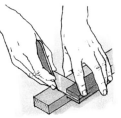

▲ 1 Trazado del largo del encastre.

▲ 2 Tallado del encastre.

▲ 3 Trazado de los márgenes de la espiga.

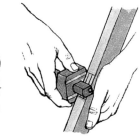

▲ 4 Tallado de la espiga.

Sujete el trabajo sobre un banco de forma que usted pueda permanecer de pie en un extremo del montante. Sujete el formón en posición vertical y clávelo entre 3 y 6 mm en la madera en el centro del encastre marcado (5). Trabaje hacia atrás en etapas cortas, con cortes similares.

Gire el formón para encastres y corte la madera por etapas en dirección al otro extremo del encastre. Nivele el descarte con el formón y luego, corte otra sección de madera hasta haber cortado la mitad del montante (6). Empareje los bordes del encastre en línea recta y luego gire el trabajo, sujete el montante hacia abajo una vez más y corte el descarte desde el otro costado de la junta (7).

Sujete el travesaño en un torno de banco, en ángulo, para que la veta final no esté enfrentada a usted. Sierre hasta el margen del lado del descarte de cada línea tallada (8). Gire el trabajo y vuelva a repetir esta operación del otro lado.

Sujete el trabajo en posición vertical y sierre en forma paralela al margen sobre ambos costados de la espiga, con cuidado de no exceder las marcas (9).

Sujete el travesaño sobre una grapa de banco y elimine el descarte con una sierra hacia abajo por la línea del margen sobre cada costado de la espiga (10).

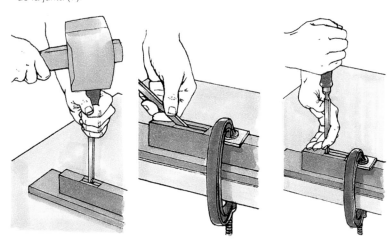

▲ 5 Corte del encastre.   ▲ 6 Eliminación del descarte.   ▲ 7 Finalización del encastre.

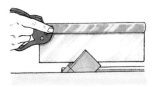 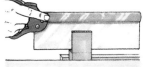 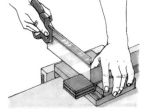

▲ 8 Serrado de la espiga.   ▲ 9 Corte recto.   ▲ 10 Serrado de los márgenes.

▶ Ensambles en cola de milano

La fabricación de cajones utiliza la resistencia propia del ensamble en cola de milano que puede tolerar las presiones de las acciones de abrir y cerrar.

Ensamble pasante en cola de milano

La capacidad de cortar ensambles en cola de milano que calcen con firmeza se considera como el último examen para evaluar la habilidad de un carpintero. Además, es sin duda una de las juntas más eficaces para construir cajas y gabinetes de madera maciza. Las colas de milano pasantes, la forma más básica del ensamble, pueden apreciarse en ambos costados de una esquina.

Cepille los extremos de ambas piezas en línea recta y, con un gramil de cuchilla colocado al grosor del miembro de clavija, talle la línea del margen para las colas sobre todos los lados de la otra pieza (1).

Un buen ensamble cortado a mano posee colas de igual tamaño que coinciden con clavijas relativamente angostas. Trace una línea con lápiz a través de la veta final, a 6 mm de cada borde del trabajo y luego, divida la distancia entre las líneas en forma pareja de acuerdo con la cantidad requerida de colas. Mida 3 mm de

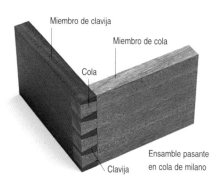

Miembro de clavija
Miembro de cola
Cola
Ensamble pasante en cola de milano
Clavija

cada lado de estas marcas y trace líneas rectas en lápiz a través del extremo (2).

Trace los costados inclinados de cada cola sobre el frente de la pieza con una escuadra deslizable o una plantilla para colas de milano ya preparada. Marque el descarte con un lápiz (3).

Sujete el trabajo en ángulo para poder serrar en forma vertical junto a cada cola de milano. Cuando llegue a la última cola de la hilera, incline el trabajo en el otro sentido y sierre hacia abajo por el otro costado de cada cola (4).

▲ 1 Tallado de la línea de margen.　　▲ 2 Espaciado de las colas.

▲ 3 Trazado de las colas.

▲ 4 Corte de las colas.

Coloque el trabajo en posición vertical en el torno de banco y elimine el descarte de la esquina con el serrucho para colas de milano. Después, corte el descarte entre las colas, esta vez, con una sierra de calar (5).

Utilice un escoplo de borde biselado para desbastar los restos del descarte entre las colas. Finalice a nivel de la línea del margen (6).

Coloque el gramil de cuchilla al grosor del miembro de cola y talle las líneas del margen para las clavijas sobre el otro componente. Recubra el extremo del mismo con tiza y sujételo en posición vertical. Ubique las colas de corte con precisión sobre el extremo de la pieza, luego marque su forma en la tiza con un ranurador en punta o cúter (7).

Alinee un cartabón con las marcas talladas en la tiza y trace líneas paralelas hasta el margen a ambos lados del trabajo. Sombree el descarte entre las clavijas con un lápiz (8). Efectúe cortes de sierra finos sobre ambos costados de cada clavija por las

ÁNGULOS DE LAS COLAS DE MILANO

Los costados de una cola de milano deben inclinarse en el ángulo óptimo. Una inclinación exagerada hace que la veta corta sea débil en las puntas de la cola de milano, mientras que una forma cónica insuficiente provoca, indefectiblemente, un ensamble flojo.

Inclinación exagerada

Forma insuficiente

El ideal es marcar un ángulo de 1:8 para maderas macizas, pero aumentar el ángulo a 1:6 para maderas blandas. La proporción de la cola es una cuestión de elección, pero una hilera de colas pequeñas espaciadas en forma pareja presenta un mejor aspecto que unas pocas de mayor tamaño y, además, proporciona una mayor resistencia al ensamble.

líneas en ángulo marcadas a través de la veta final indicada con tiza (9). Finalice a nivel del margen. Por último, desbaste el ensamble hasta obtener un ajuste firme (10).

▲ 5 Eliminación del descarte.

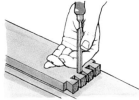
▲ 6 Desbastado de los márgenes.

▲ 7 Trazado de las clavijas.

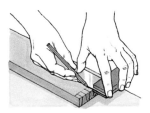
▲ 8 Trazado de las líneas de corte.

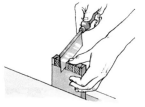
▲ 9 Corte de las clavijas.

▲ 10 Desbastado del ensamble.

▶ # Ajuste de juntas para adhesión

Cuando se adhiere cualquier ensamble, es conveniente preparar el área de trabajo y ensayar el procedimiento de antemano. Esto evita retrasos que podrían provocar complicaciones, en especial cuando se utiliza un adhesivo de secado rápido.

Preparación

Ensamble las partes sin adhesivo para verificar cuántas grapas se necesitan y ajustarlas a fin de que se adecuen al trabajo. Necesitará un asistente para colocar grapas a ensambles complicados o de gran tamaño.

No es necesario adherir cada junta al mismo tiempo. Por ejemplo, encole primero las patas y travesaños de extremo del marco de una mesa; cuando el adhesivo se haya secado, encole los travesaños laterales entre ellos.

Grapa para un marco

La mayoría de las juntas para marcos y estructuras requiere el uso de grapas para sujetar el ensamble en forma recta hasta que seque el adhesivo. Prepare un par de grapas móviles o de tubo y ajústelas para que el marco ensamblado se fije entre las mordazas para permitir que los bloques de madera blanda protejan el trabajo de los cabezales de la grapa de metal. Coloque los bloques con cuidado para alinearlos con cada junta; un bloque mal colocado o de tamaño insuficiente puede distorsionar la junta y dañar la madera.

1 Alineado de las grapas

Aplique adhesivo en forma pareja en ambas partes de cada junta. Ensamble el marco, asegurándose de que las

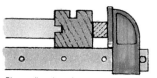

Bloque alineado en forma correcta

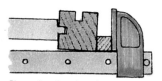

Bloque alineado en forma incorrecta

▲ Coloque los bloques de madera blanda con cuidado para alinearlos con cada junta.

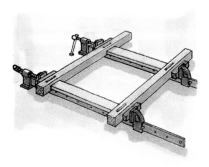

▲ Alineación de las grapas.

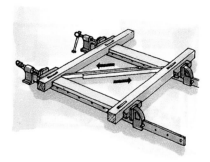

▲ Construcción de varillas de medición.

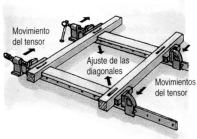

Movimiento del tensor

Ajuste de las diagonales

Movimientos del tensor

▲ Control de las diagonales.

grapas se encuentren perfectamente alineadas con sus respectivos travesaños, y ajuste las mordazas en forma gradual para cerrar las juntas. Retire el exceso de adhesivo entre las juntas con un paño húmedo.

2 Varillas de medición

Es posible controlar la precisión de un marco pequeño con un cartabón en cada esquina, pero para marcos de mayor tamaño, mida las diagonales para asegurarse de que sean idénticas. Construya un par de varillas de medición con fajas delgadas de madera y cepille un bisel sobre un extremo de cada varilla. Sujete las varillas espalda contra espalda y deslícelas hacia los costados hasta colocarlas en posición diagonal al marco con un extremo biselado dentro de cada esquina.

3 Control de las diagonales

Sujete las varillas de medición con firmeza, retírelas del marco y controle si coinciden exactamente con la otra diagonal. Si las diagonales son diferentes, afloje las grapas y colóquelas a un leve ángulo para encuadrar el marco y luego, vuelva a controlar las diagonales.

TENSOR DE CINTA

El tensor de cinta aplica presión pareja sobre las cuatro esquinas de un marco de inglete y puede utilizarse para sujetar un taburete o silla con patas torneadas, tarea que resulta complicada con grapas de barra.

Un tensor de cinta típico comprende una cinta de nylon de 2,5 cm de ancho que se enrolla alrededor de una pieza y se coloca en forma tirante por medio de un mecanismo de trinquete. El tensor se tensa luego al girar el pequeño tornillo de trinquete con una llave de ajuste o destornillador. Cuando seca el adhesivo, la tensión se libera al presionar la palanca de liberación.

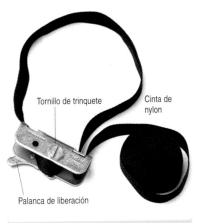

Tornillo de trinquete

Cinta de nylon

Palanca de liberación

▶ Accesorios prefabricados

Los accesorios prefabricados, o bien componentes o ensambles secundarios unidos con fijaciones mecánicas en lugar de adhesivo, están diseñados para uso con juntas a tope cortadas en línea recta. Resultan útiles para construcciones a gran escala que deben ser desmontadas y que deben volver a ensamblarse en un cierto lugar.

Juntas de bloque

Este accesorio de superficie ensamblada comprende bloques plásticos entrelazados, atornillados a la parte interna de las esquinas de un armario.

1 Colocar los bloques de casquillo

Trace el grosor de la tabla sobre la parte interna del panel lateral de la estructura. Marque las posiciones de dos juntas de bloque a 5 cm del borde frontal y del borde posterior. Alinee la base de cada bloque de casquillo con las líneas trazadas y atorníllelo con fuerza al panel.

2 Colocar los bloques de espiga

Sujete los paneles en ángulo recto, coloque los bloques de espiga de unión y trace los orificios de fijación sobre la otra tabla. Atornille los bloques en su lugar y ensamble la junta con los pernos de fijación.

Casquillos para tornillos

Los casquillos de metal retorcido para tornillos proporcionan puntos de fijación seguros para fijar marcos de madera o tablas sintéticas con pernos.

1 Colocación de un casquillo

Taladre un orificio con tope de 8 mm de diámetro lo suficientemente profundo como para colocar el casquillo justo por debajo de la superficie de la pieza. Coloque el accesorio dentro del orificio con un destornillador en la ranura cortada a través del extremo del casquillo.

2 Ensamblado de los componentes

Marque el centro de un orificio roscado para el perno en el otro componente y taladre a través del mismo, con cuidado de no astillar las fibras de la madera en la parte inferior. Ensamble las dos mitades de la junta y sujételas firmemente con el perno.

REALIZACIÓN DE JUNTAS

▲ Juntas de bloque: colocación de los bloques de casquillo.

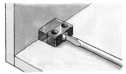

▲ Colocación de los bloques de espiga.

▲ Casquillos para tornillos: colocación de un casquillo.

▲ Ensamblado de los componentes.

Tuerca cilíndrica y perno

Este es un accesorio resistente y beneficioso para todo tipo de construcción de marcos donde el extremo de un travesaño se une al costado de una pata u otro miembro vertical. El perno atraviesa un orificio de rectificación en la pata y se introduce en el extremo del travesaño, donde luego se atornilla en una tuerca cilíndrica roscada ubicada en un orificio con tope. Una ranura de tornillo en el extremo de la tuerca permite alinear el orificio roscado con el perno.

1 Taladrado del travesaño

Trace diagonales a través del extremo del travesaño para encontrar el centro y taladre un orificio roscado para el perno donde se cruzan las líneas. Calcule la distancia desde el extremo del travesaño para la tuerca cilíndrica y taladre un orificio con tope al costado del travesaño para interceptar el orificio del perno.

2 Taladrado de la pata

Marque y taladre un orificio roscado de rectificación para el perno y anillo en la pata.

3 Colocar el pasador de posición

Coloque una clavija de panel en el extremo del travesaño sobre la línea central, a aproximadamente 1,2 cm de uno de los bordes. Corte la cabeza de la clavija y luego ensamble y ajuste el accesorio. Desmonte la junta y taladre un orificio con tope de 6 mm en la pata donde la clavija cortada dejó una marca. Retire la clavija y taladre el travesaño de la misma forma que la pata y luego, encole e introduzca una espiga corta en el orificio.

Accesorio de tuerca cilíndrica y perno

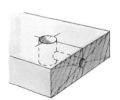

▲ Taladrado del travesaño.

▲ Taladrado de la pata.

▲ Colocación del pasador de posición.

¿Quiere saber más?

Pase al siguiente nivel

Remítase a...
- **Cepillos** -páginas 95 a 100
- **Grapas de carpintería** -página 112
- **Lijado a mano** -páginas 154 a 156

Otras fuentes
- **Revistas y libros**
Hay en el mercado libros de carpintería con ilustraciones interesantes.
- **Madereras**
Cuando adquiera madera, solicite consejos si tiene problemas con la realización de algún proyecto.

Acabados

para madera

La versatilidad de la madera natural permite obtener algunos acabados asombrosos sin importar lo que se decida construir. Pueden mejorarse con una gran cantidad de diversos productos para pulir, tintes y tinturas que, hoy en día, se encuentran disponibles en el mercado. Aquí se muestra cómo completar un proyecto con estilo.

Rellenar grietas y orificios

A pesar de que todos los carpinteros rechazan la madera que presenta grandes defectos, es poco probable que una partida de madera no presente ningún defecto y será necesario ocuparse de algunas grietas y orificios antes de lijar y aplicar un acabado.

Existe una gran cantidad de materiales y técnicas a los cuales recurrir, de acuerdo con las dimensiones de la grieta o el orificio, y con el tipo de acabado planeado.

Relleno de celulosa para trabajos a ser pintados

Puede utilizarse una masilla para madera casera o preparada comercialmente como preparación de la madera antes de pintarla, o pueden taparse las pequeñas grietas y orificios con relleno de celulosa común. El relleno de celulosa, que se comercializa ya preparado en tubos o como polvo seco para mezclar con agua, se aplica y se lija a nivel, de la misma forma que una masilla para madera.

Masilla para madera

Barras de retoque a la cera

Soldador eléctrico

Lápices de retoque de goma laca

Espátula flexible

Masilla para madera

El relleno tradicional fabricado a partir de polvo de madera mezclado con adhesivo aún posee sus usos, pero la mayoría de los especialistas prefiere utilizar una masilla para madera que se vende como una pasta densa para rellenar espacios. Las masillas para madera se fabrican en una variedad de colores que se asemejan a las especies comunes de madera.

La mayoría de las masillas son pastas de un componente, formuladas ya sea para carpintería de interior, o bien de exterior. Una vez secas, pueden cepillarse, lijarse y taladrarse junto con la madera a su alrededor; conservan levemente la flexibilidad, para absorber cualquier movimiento posterior provocado por el encogimiento y la expansión de la madera.

Las masillas catalizadas de dos componentes, destinadas principalmente a reparaciones de gran tamaño, secan incluso con mayor dureza que las pastas estándar.

CÓMO DISIMULAR LAS JUNTAS

Las líneas rellenas del margen casi siempre pueden distinguirse, pero pueden efectuarse reparaciones por pasos para juntas separadas que presentan una veta final visible, con un producto de relleno casero.

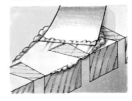

Conservación de la masilla

Para conservar la masilla para madera en condiciones, cierre la tapa inmediatamente después de haber utilizado la cantidad necesaria. Si la masilla para madera a base de agua almacenada se hubiera endurecido, intente sumergir la lata en agua tibia o coloque el recipiente sobre un radiador para ablandar el producto de relleno.

Uso de masilla para madera

Asegúrese de que la madera se encuentre limpia y seca. Utilice una espátula flexible para introducir la masilla en los espacios. Deje sobresalir levemente el producto de relleno para poder lijarlo a nivel una vez seco. Introduzca la espátula en las grietas para rellenarlas y luego, alise la masilla con movimientos a lo largo de la hoja. Rellene los orificios profundos en etapas y deje secar la masilla entre una aplicación y otra.

▲ Aplicación de masilla para madera.

Rellenado de orificios de gran tamaño

Cubra los orificios profundos de los nudos con madera maciza. Cuando el adhesivo se encuentre seco, rellene los huecos alrededor del sector con masilla para madera.

▲ Cubra los orificios de los nudos de gran tamaño con madera y finalice el trabajo con masilla para madera.

ACABADOS PARA MADERA

149

▲ Mezcla de masilla para madera y tintura para obtener una coincidencia de color.

Coloreado de la masilla para que combine

Para obtener una coincidencia con el color de la pieza, efectúe una prueba por medio de la aplicación de un tinte y una mano de acabado en un corte de la misma madera. Elija una masilla para madera que se asemeje al color de fondo más claro de la madera y, con una cerámica blanca como paleta, agregue gota a gota una tintura compatible para madera. Mezcle la tintura con la masilla para madera con una espátula hasta obtener el tono deseado.

Lápices de retoque

Los lápices de retoque de goma laca solidificada de diversos colores se derriten en orificios de la madera o se utilizan para reconstruir molduras dañadas. La goma laca puede emplearse como una masilla para madera previa, para la mayoría de los acabados de superficie.

La cera de carnauba, mezclada con pigmentos y resinas, resulta ideal para cubrir pequeños orificios. A pesar de que el relleno de cera puede aplicarse sobre madera desnuda a ser encerada o a la que se le va a aplicar un acabado con goma laca o pulido francés, con frecuencia es más conveniente esperar hasta que la madera se encuentre acabada.

Los lápices de retoque de cera se presentan en una amplia variedad de colores. Si fuera necesario, corte trozos de cera de diferentes lápices y mézclelos con la punta de un soldador para obtener una coincidencia con un color específico.

▲ Uso de un soldador para derretir goma laca.

▲ Cómo dar brillo a la cera de relleno con el reverso de un trozo de papel de lija.

Rellenado con goma laca

Utilice una hoja de espátula caliente o un soldador para derretir la punta de un lápiz de goma laca y déjela caer gota a gota en el orificio. Mientras se encuentra blanda, alise la goma laca con un formón remojado en agua. Tan pronto como el relleno se endurezca, nivélelo con un formón afilado y finalice la tarea con una lija fina.

Uso de lápices de retoque de cera

Corte un pequeño trozo de cera y colóquelo sobre un radiador para ablandarlo. Utilice una navaja de bolsillo para introducir la cera en los orificios. Tan pronto como se endurezca, raspe la reparación a nivel con una tarjeta de crédito vieja. Utilice el reverso de un papel de lija para dar brillo al relleno de cera.

Abrasivos

Las superficies de madera deben presentar un acabado tan perfecto como sea posible antes de comenzar a aplicar un barniz, una laca u otro acabado transparente.

La forma habitual de obtener el resultado deseado consiste en alisar la madera con abrasivos y, hoy en día, los carpinteros cuentan con una enorme variedad de productos para alcanzar sus objetivos.

No sólo se suaviza la madera con abrasivos, sino también, levemente, cada mano de acabado para eliminar partículas de polvo y otros restos que se hayan fijado mientras se seca el acabado.

Óxido de aluminio

Carburo de silicio autolubricante

Polvo de granate

Vidrio granulado

Carburo de silicio

▲ Abrasivos

1 Rollos de lija con reverso de tela o papel
Resultan económicos e ideales para el lijado de patas torneadas y varillas roscadas.

2 Rollos de lija de tela corrugada
Pueden arrugarse en la mano y utilizarse para trabajar con el torno.

3 Bandas de lija con reverso de velour
Bandas de lija para tacos de lija y lijadoras eléctricas.

4 Almohadillas con reverso de gomaespuma
Almohadillas flexibles que permiten seguir el contorno de una pieza.

5 Almohadillas de fieltro
Fibra de nylon impregnada con material abrasivo

6 Hojas de tamaño estándar
Las hojas de papel de lija o tela miden 28 x 23 cm.

7 Almohadillas de gomaespuma flexible
Ideales para lijar molduras.

DATOS ÚTILES

Graduación del papel de lija

La graduación del papel de lija depende del tamaño de las partículas. Éste se clasifica como de graduación extrafina, fina, mediana, gruesa o extragruesa. Estas clasificaciones resultan adecuadas para la mayoría de los propósitos, pero en el caso de los abrasivos con graduaciones más precisas, cada categoría se divide de acuerdo con la numeración; cuanto mayor el número, más fino el gramaje.

A pesar de que el papel de lija ya no se fabrica con arena, aún se lo utiliza como forma de abrasivo, y todavía se lija a mano y con herramientas eléctricas la madera. La mayoría de los abrasivos se fabrica, hoy en día, con materiales sintéticos que superan ampliamente al antiguo papel de lija.

Materiales abrasivos

Puede elegirse entre una cierta cantidad de gramajes de abrasivos, de acuerdo con sus costos relativos y con la naturaleza del material al que se aplica el acabado.

Vidrio granulado: se utiliza para fabricar papel abrasivo de bajo costo destinado principalmente a lijar madera blanda para ser pintada.

Polvo de granate: es un mineral natural que, cuando está granulado, produce partículas relativamente duras con bordes cortantes filosos. Los carpinteros utilizan el papel revestido de polvo granate de color marrón rojizo para lijar maderas blandas y macizas.

Óxido de aluminio: se utiliza para fabricar una gran cantidad de productos abrasivos para lijar a mano y con herramientas eléctricas.

Carburo de silicio: es el abrasivo para carpintería más duro y costoso. Es un material excelente para lijar maderas macizas, MDF y aglomerado, pero se utiliza con mayor frecuencia para fabricar telas y papeles abrasivos para lijar entre manos de barniz y pintura.

Reversos

Básicamente, el reverso no es otra cosa que un medio que transporta el gramaje al trabajo. No obstante, la elección del material de reverso puede ser crucial para el rendimiento del abrasivo.

Papel: es el reverso menos costoso que se utiliza en la fabricación de abrasivos para carpintería. Puede adquirirse en una amplia variedad de grosores o "pesos".

Reverso de tela o tejido: proporcionan productos abrasivos fuertes y duraderos y, a la vez, flexibles.

Grano abrasivo | Capa de tamaño | Capa de fabricación | Reverso

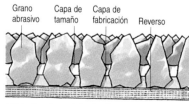

▲ Estructura de una hoja abrasiva.

Almohadillas de fibra de nylon de fieltro: impregnadas con granos de carburo de silicio u óxido de aluminio, resultan ideales para frotar acabados y aplicar aceite y encáustico.

Plástico espumoso: se utiliza como reverso secundario cuando es necesario aplicar presión pareja sobre una superficie contorneada.

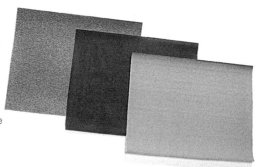

▲ Tres tipos diferentes de graduaciones de papel de lija.

Adhesión

La adhesión, o método para adherir abrasivos al soporte, resulta esencial, ya que asegura que el gramaje permanezca fijo y afecta las características del papel de lija. La cola de origen animal, que se ablanda con el calor generado por el lijado, se utiliza cuando se requiere flexibilidad. Por otro lado, la resina es termorresistente y, así, resulta ideal para el lijado con herramientas eléctricas. Dado que es impermeable, la resina también se utiliza para la fabricación de papel húmedo/seco. Una combinación de adhesivos modifica las propiedades de un papel. La resina con cola, por ejemplo, permite obtener un papel relativamente termorresistente que será más flexible que una combinación de resina con resina.

Aditivos

Un tercer recubrimiento de estearato, un jabón en polvo, rellena los espacios entre los granos y permite obtener una superficie abrasiva más fina para el trabajo y reduce la acumulación anticipada de polvo de madera. El estearato y demás aditivos químicos actúan como lubricantes secos para abrasivos utilizados para quitar manos de acabado resistentes.

Los aditivos antiestáticos en la capa de sellador reducen en gran medida la acumulación y aumentan la eficacia de los aparatos extractores de polvo. Esto provoca una disminución de los depósitos de polvo en el trabajo.

DATOS ÚTILES

Capa cerrada o abierta

Los papeles de lija pueden clasificarse de acuerdo con la densidad del gramaje. Un papel de lija de capa cerrada presenta una cantidad densa de granos de abrasivos y actúa relativamente rápido. Un papel de lija de capa abierta posee grandes espacios entre los granos, lo que reduce la obstrucción y resulta más adecuado para maderas blandas resinosas.

ACABADOS PARA MADERA

153

▶ Lijado a mano

La mayoría de los carpinteros utiliza el lijado con herramientas eléctricas en las primeras etapas de la preparación de una pieza, pero por lo general, es necesario finalizar a mano la tarea, en especial si el trabajo incluye molduras. Es posible efectuar el trabajo completo a mano; sólo se requiere más tiempo.

Lije siempre en el sentido de la veta y trabaje en forma progresiva con lijas de gramaje grueso a fino para eliminar, con cada aplicación, las marcas dejadas por el papel o tela anterior. Los movimientos abrasivos en forma transversal a la veta dejan marcas difíciles de eliminar.

Le resultará más sencillo lijar la mayoría de los componentes antes de ensamblarlos, pero trabaje con cuidado para no redondear demasiado los bordes de una junta o aflojar un ajuste al eliminar demasiada madera.

TACOS DE LIJA

Es mucho más sencillo lijar una superficie plana en forma pareja con un trozo de papel abrasivo alrededor de un taco de lija. Los tacos de lija fabricados de corcho o goma son muy económicos y son comúnmente comercializados.

En su mayoría, los tacos están diseñados para ser envueltos con un trozo de papel de lija de una hoja estándar, pero es posible adquirir tacos de lija que presentan bandas abrasivas con reverso de velour o bandas abrasivas autoadhesivas ya cortadas que se retiran cuando es necesario reemplazarlas, o almohadillas ya preparadas para lijar.

CORTE DEL PAPEL DE LIJA

Pliegue una hoja de papel de lija sobre el borde de un banco y córtelo en bandas que se ajusten a la medida del taco para lijar. Cubra la base del taco con un trozo del papel de lija y sujete los costados con los dedos.

Taco de plástico espumoso con velcro   Taco doble   Taco de corcho   Taco de goma

Técnicas de lijado

Lijado de superficies planas

Ubíquese de pie junto al banco para poder efectuar movimientos rectos con un taco de lija en el sentido de la veta; si se coloca el brazo en forma de arco, se tiende a dejar marcas en forma transversal a la veta. Trabaje de manera constante y permita que el abrasivo haga el trabajo. Es conveniente cambiar el papel de lija

con frecuencia en lugar de agotarse al lijar con más fuerza para obtener los mismos resultados.

Cubra la superficie en forma pareja, con el taco apoyado sobre la madera en todo momento, en especial al acercarse a los bordes de la pieza ya que, de lo contrario, es posible redondear demasiado las esquinas agudas sin notarlo.

Lijado de la veta final

Antes de lijar, palpe la veta final con los dedos para determinar el sentido de crecimiento de la fibra. Resultará más lisa en un sentido que en el otro; para lograr el mejor acabado, lije en el sentido más liso.

DATOS ÚTILES

Secuencia de lijado

Cada carpintero desarrolla su secuencia de lijado preferida para preparar una pieza para el acabado, pero lo siguiente será útil como guía para graduaciones adecuadas de abrasivo, con el fin de obtener un buen resultado.

• Comience con una lija de óxido de aluminio o revestido de polvo de granate de gramaje 120 y luego, aplique otra de gramaje 180 hasta que la superficie se encuentre suave y libre de marcas de herramientas e imperfecciones similares. Sólo es necesario recurrir a un gramaje tan grueso como 80 a 100 si la madera no se encuentra ya cepillada para presentar una superficie bastante lisa.

• Quite el polvo entre lijado y lijado con un paño adherente, es decir, un paño de tela pegajoso diseñado para eliminar el polvo y los restos finos. Si el trabajo no se conserva limpio, las partículas abrasivas del lijado anterior pueden dejar marcas relativamente profundas sobre la superficie.

• Vuelva a lijar durante no más de entre 30 y 60 segundos con una lija de gramaje 220 y luego levante la veta humedeciendo la superficie con un paño húmedo. Espere entre 10 y 20 minutos, ya que transcurrido ese tiempo la humedad habrá provocado la expansión de las minúsculas fibras de madera de forma que se levanten sobre la superficie. Repase levemente la superficie con un trozo nuevo de lija de gramaje 220 para eliminar los "bigotes" y deje una superficie perfectamente lisa. En particular, es importante levantar la veta antes de aplicar productos sobre la base de agua.

• Si considera que la pieza requiere un acabado muy especial, levante la veta una vez más y lije hacia abajo muy levemente, con una lija de gramaje 320 o una almohadilla de fibra de nylon impregnada.

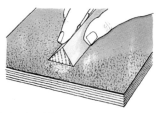

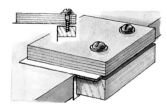

Lijado de objetos pequeños

Es imposible sujetar y lijar objetos pequeños con los métodos convencionales. En cambio, adhiera una hoja de papel de lija cara arriba a una tabla plana y pase la pieza por el abrasivo.

fabricar un taco de lija para bordes con dos trozos de papel de lija dispuestos cara contra cara. Pliegue un trozo de papel para formar un ángulo recto. Deslice el taco a lo largo del borde del trabajo y lije en forma simultánea las superficies adyacentes.

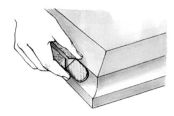

Lijado de los bordes

Es incluso más complicado mantener las esquinas agudas al lijar bordes angostos. Para mantener el nivel del taco, sujete el trabajo en posición vertical en un torno de banco y, con el taco sujeto por ambos extremos, deslice las yemas de los dedos a lo largo de cada costado del trabajo, mientras lija con el abrasivo hacia delante y hacia atrás. Por último, realice movimientos delicados con el taco por la esquina para eliminar las aristas y evitar astillar la madera.

Fabricación de un taco para bordes

Es en especial importante lijar los bordes con precisión al trabajar sobre tablas con bordes enchapados. Atornille dos trozos de madera para

Lijado de molduras

Cubra un taco con forma o una espiga con papel de lija para molduras. En forma alternativa, utilice papel con reverso de gomaespuma o una almohadilla de fibra de nylon impregnada.

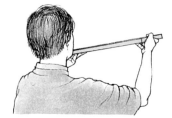

Control de una superficie lijada

Examine la pieza a contraluz en un leve ángulo para controlar que la superficie lijada se encuentre pareja y que no presente marcas obvias.

Lijado eléctrico

Hoy en día, las máquinas lijadoras portátiles facilitan la agotadora tarea de lijar durante períodos de tiempo prolongados. No obstante, se debe trabajar con cuidado para no dejar marcas o espirales sobre la superficie de la madera.

Lijadoras de banda

Son lijadoras eléctricas de alta resistencia, capaces de reducir incluso madera serrada a una superficie lisa. Como resultado, eliminan una gran cantidad de madera rápidamente y deben controlarse con cuidado para evitar redondear demasiado los bordes de una pieza o dañar una capa enchapada.

▲ Lijadora de banda.

Uso de una lijadora de banda

Son pocas las ocasiones en las que se requiere una lijadora de banda para carpintería fina, pero resulta útil para alisar grandes vigas de madera o algunas tablas sintéticas. Encienda y baje la lijadora en forma progresiva hasta apoyarla sobre el trabajo. Al hacerlo, mueva la lijadora hacia delante y permita que la herramienta permanezca fija, ya que si cae con fuerza sobre la superficie, marcará profundamente la madera. Lije sólo en el sentido de la veta mientras mantiene la herramienta en funcionamiento y efectúe movimientos paralelos superpuestos. Retire la lijadora del trabajo antes de apagarla.

Bandas para lijar

Se fabrican bandas con reverso de tela o papel para las lijadoras de ancho promedio de entre 6 y 10 cm. La cinta se tensa entre dos rodillos y el frente puede ajustarse para controlar la tensión y la trayectoria. Una palanca libera la tensión para poder cambiar la cinta. Una vez encendida la lijadora, ajuste el mango frontal para centrar la cinta sobre los rodillos.

▲ Uso de una lijadora de banda.

Lijadoras de banda fijas

Utilice una grapa especial para sujetar una lijadora de banda boca arriba sobre un banco, con el fin de lijar componentes pequeños apoyándolos sobre la banda en movimiento.

Lijadoras rotorbitales

Si se trabaja con una serie de abrasivos más finos en forma progresiva (ver página 155) y se levanta la veta antes del último lijado liso, una lijadora rotorbital permitirá obtener una superficie lista para dar terminación, en todo sentido.

▲ Uso de una lijadora de banda fija.

Lijadoras de mano

La mayoría de las lijadoras rotorbitales están diseñadas para ser sostenidas con ambas manos, pero también existen las lijadoras de mano livianas.

Hojas de lija

Se fabrican bandas de papel de lija para uso específico con lijadoras rotorbitales. Designadas como un cuarto, un tercio o media hoja, sus proporciones se basan en las hojas de tamaño estándar fabricadas para el lijado a mano.

Lijadora rotorbital

Lijadora de mano

Se ubican en posición, por medio de una abrazadera de alambre, en cada extremo de la placa base de la lijadora; en forma alternativa, las bandas son autoadhesivas o revestidas con velour para facilitar su reemplazo. Para preservar su buen funcionamiento y evitar acumulaciones, seleccione una lijadora con función de extracción de polvo donde la placa base y el papel de lija se encuentran perforados para que el polvo pase en forma directa desde la parte inferior de la herramienta hasta una bolsa de recolección o aspiradora.

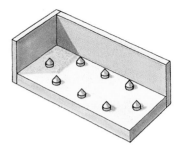

▲ Plantilla para perforación de papel de lija común para una lijadora rotorbital.

Perforación del papel de lija

Las hojas ya preparadas son muy convenientes, pero puede ahorrar bastante dinero al perforar usted mismo bandas o rollos de papel de lija liso. Utilice un lápiz blando y papel blanco y marque las perforaciones en la placa base de la lijadora. Utilícelas como diseño para taladrar orificios coincidentes en un trozo de MDF y adhiera pequeños segmentos cónicos de varilla espiga dentro de las mismas.

Sujete una banda abrasiva a la placa base y luego presione la lijadora hacia abajo sobre el perforador para agujerear el papel de lija.

Uso de lijadoras rotorbitales

No aplique una presión excesiva sobre una lijadora rotorbital ya que esto tiende a recalentar el abrasivo y hace que la resina y el polvo obstruyan el gramaje antes de tiempo. El cosquilleo en los dedos luego de un lijado prolongado indica una presión excesiva.

Mueva la herramienta hacia delante y hacia atrás en el sentido de la veta mientras cubre la superficie en forma tan pareja como sea posible.

Lijado de esquinas

Con una lijadora rotorbital de buen diseño es posible lijar en ángulo recto y hasta los extremos de paneles o travesaños fijos. No obstante, para esquinas muy juntas e ingletes transversales a la veta, utilice una lijadora delta, que posee una placa base triangular.

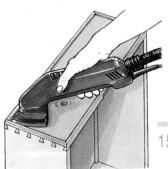

159

▲ Una lijadora delta es útil para lijar esquinas.

▲ Lijadora inalámbrica

Lijadoras inalámbricas

Existen ventajas obvias respecto de utilizar una lijadora a batería: no hay cables eléctricos que puedan quedar atrapados en la pieza y es posible trabajar en exteriores si se desea, en forma completamente independiente de la fuente de energía eléctrica.

Lijadoras rotorbitales de movimiento aleatorio

Los movimientos excéntricos y rotativos combinados de una lijadora rotorbital de movimiento aleatorio eliminan casi por completo las marcas visibles sobre una superficie de madera. La placa base circular utiliza discos de lija junto con las opciones habituales; es decir una unión con velcro o autoadhesiva y perforaciones para la extracción de polvo. Algunas lijadoras son aptas para superficies planas y curvadas, mientras que otras presentan placas base intercambiables para poder aumentar el área de lijado a fin de trabajar en tablas o paneles de gran tamaño. La única desventaja es que no es posible lijar esquinas.

▲ Lijadora rotorbital de movimiento aleatorio

Lijadoras de disco

Con la excepción de las máquinas de banco, los carpinteros rara vez utilizan lijadoras de disco, que pueden dejar marcas profundas en la madera. No obstante, los torneros emplean las acciones combinadas de las lijadoras de disco y tornos para lijar recipientes y bandejas de manera beneficiosa.

Discos y lijadoras de mango flexible

Se fabrican almohadillas de gomaespuma montadas sobre un eje, de entre 2,5 y 7,5 cm de diámetro, para lijadoras de mango flexible muy cómodas de manipular. Los discos abrasivos autoadhesivos o revestidos con velour, con reverso de tela o papel, pueden adquirirse ya preparados para ser utilizados con cualquier tamaño de almohadilla de gomaespuma.

Ventajas para los torneros

Las lijadoras de disco de tamaño pequeño resultan ideales para trabajos complicados de carpintería

ACABADOS PARA MADERA

160

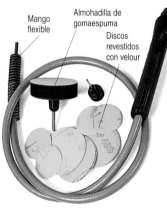

Mango flexible

Almohadilla de gomaespuma

Discos revestidos con velour

▲ Lijadora de mango flexible

como tallas o modelismo, pero en especial son adecuadas para los torneros ya que las almohadillas de gomaespuma blanda se ajustan a los contornos irregulares de un recipiente o florero de madera.

Lijadoras montadas en un banco

Una lijadora de disco de metal, de diámetro relativamente amplio, sujeta con firmeza al banco, es ideal para terminar la veta final. Utilice gramajes gruesos a finos para poder, además, dar forma a las piezas con una lijadora de disco. Conserve la pieza en movimiento y presione la veta final levemente contra el costado del disco que rota hacia abajo. La aplicación de una presión excesiva marca indefectiblemente la madera.

▲ Lijadora de disco sujeta a un banco.

PROTECCIÓN CONTRA EL POLVO

Las lijadoras eléctricas no resultan peligrosas si se las utiliza con cuidado. No obstante, el polvo que se genera al lijar puede ser muy perjudicial para la salud y puede producir, además, un riesgo de incendio.

Cascos y máscaras faciales

Como recaudo mínimo, asegúrese de utilizar una máscara facial para cubrir la nariz y la boca durante el lijado. Las máscaras descartables económicas pueden adquirirse en cualquier ferretería y, por lo general, se venden como parte del kit de las lijadoras eléctricas.
Un respirador a batería, incorporado en un casco liviano, ofrece una protección extrema. Una corriente de aire filtrado que emana desde la parte posterior de la pantalla facial transparente evita la inhalación de polvo transportado por el aire.

Extractores de polvo

Las lijadoras eléctricas de buena calidad presentan un puerto extractor que descarga el polvo en una bolsa para poder desecharlo luego de trabajar o cuando la bolsa está llena. Para mayor eficacia, conecte la lijadora a una aspiradora industrial que succione el polvo en forma directa desde la superficie. Se activa un extractor para tal propósito cuando se enciende la lijadora.

Uso de escofinas

Aunque el lijado es el método más utilizado para alisar la madera, rasquetear la superficie para eliminar pequeñas virutas en lugar de partículas de polvo produce un acabado superior.

Escofinas

La escofina estándar no es más que un pequeño rectángulo de acero templado. Para molduras y superficies con forma, es necesario utilizar una escofina con un par de bordes curvos.

Uso de una escofina

Sujete la escofina en las manos, inclínela y presione hacia adelante. Al curvar la escofina cuando se presiona con los pulgares cerca del borde inferior, se concentra la fuerza sobre una banda angosta para poder rasquetear pequeños defectos en la madera. Experimente con diferentes curvaturas y ángulos para modificar la acción y la profundidad de corte.

Nivelación de paneles de madera

Para rasquetear un panel liso y a nivel, trabaje en dos direcciones en leve ángulo con el sentido general de la veta. Para finalizar, alise la madera con la escofina en forma paralela a la veta.

PREPARACIÓN DE UNA ESCOFINA

Antes de utilizar una escofina, deben prepararse y afilarse los bordes cortantes.

1 Limado de una escofina
Sujete la escofina a un torno de banco y lime los dos bordes largos para que sean perfectamente rectos.

2 Afilado de la escofina
El limado deja bordes ásperos que deben trabajarse con una piedra multiforme para afilar.

3 Elevación de una rebaba
Extienda el metal a lo largo de ambos bordes cortantes con un bruñidor de metal liso. Alise con fuerza cada borde, cuatro o cinco veces.

4 Plegado de la rebaba
Para que la escofina funcione, las rebabas levantadas deben plegarse en ángulo recto.

ACABADOS PARA MADERA

▲ Uso de una escofina. ▲ Trabaje en dos direcciones en el sentido de la veta.

Rellenar y sellar la veta

Las maderas de veta abierta, como la de roble o de fresno, presentan una buena apariencia cuando se las trabaja con aceite o barniz satinado, pero cuando el barniz brillante o la goma laca se hunde en cada poro, se desvirtúa la calidad del acabado.

Para solucionar este problema, la mayoría de los carpinteros opta por un producto de relleno para vetas ya mezclado.

Trabaje sobre una superficie limpia y libre de polvo; humedezca una almohadilla de arpillera gruesa en el producto de relleno para vetas y frote la madera en forma enérgica, con movimientos circulares.

Antes de que seque la pasta, limpie en forma transversal a la veta con un trozo de arpillera limpia para eliminar el exceso de producto. Utilice una varilla en punta para retirar la pasta. Deje secar el producto de relleno para vetas durante toda la noche y luego lije levemente en el sentido de la veta con un papel de lija de carburo de silicio autolubricante de gramaje 220. Trabaje las molduras o piezas torneadas con una almohadilla abrasiva de fibra de nylon.

Termine el trabajo con una aplicación de sellador de lijado. Lije bien y retire el polvo con un paño adherente. Aplique el sellador de lijado sobre la madera y deje secar durante algunas horas. Lije la superficie con un papel de lija fino, una almohadilla abrasiva o lana de acero de graduación 0000 antes de aplicar el acabado elegido. Quizá sea necesario aplicar una segunda mano de sellador en maderas muy porosas.

DATOS ÚTILES

Rellenado de madera teñida

Existen dudas respecto de si es mejor teñir la madera antes o después de rellenar la veta. Rellenar primero la veta puede provocar un color desparejo y con parches, pero si se aplica el producto de relleno sobre una madera teñida, existe la posibilidad de desgastar el color al lijar más tarde. Una solución consiste en teñir primero la madera y luego protegerla con sellador.

ACABADOS PARA MADERA

163

▲ Aplicación del producto.

▲ Eliminación del exceso.

▲ Trabajo de frotado.

Blanqueado de la madera

Para ello, debe utilizarse un blanqueador comparativamente suave como una solución de ácido oxálico. También puede utilizarse un blanqueador para reducir la intensidad del color de una pieza.

Para modificar el color de la madera de forma drástica, es necesario utilizar un blanqueador fuerte de dos componentes. Por lo general, se vende como un kit que comprende dos botellas de plástico claramente etiquetadas donde una contiene un álcali y la otra, peróxido de hidrógeno. No obstante, las botellas siempre están etiquetadas como A y B o 1 y 2.

Dado que algunas maderas pueden blanquearse mejor que otras, es conveniente efectuar una muestra antes de trabajar la pieza real. Por lo general, el fresno, la haya, el olmo y el sicómoro son sencillos de blanquear, mientras que puede ser necesario blanquear por segunda vez otras maderas como la caoba, el palo de rosa y el roble, hasta obtener el color deseado.

Vierta una cierta cantidad del contenido de la botella A en un recipiente y con un pincel de nylon, humedezca la pieza en forma pareja.

Una vez transcurridos entre 5 y 10 minutos, tiempo durante el cual puede oscurecerse la madera, tome otro pincel y aplique la segunda solución. La reacción química provoca una espuma sobre la superficie de la madera.

Cuando esté seco, neutralice el blanqueador lavando el trabajo con una solución suave de ácido acético que consiste en una cucharadita de vinagre en 500 cm³ de agua. Después de aproximadamente tres días, lije la veta levantada y aplique el acabado.

ACABADOS PARA MADERA

▲ Aplicación de la solución A.

▲ Aplicación de la solución B.

▲ Neutralización del blanqueador.

Tintes y tinturas

Un tinte o tintura se diferencia de un acabado de superficie, pues penetra en profundidad en la madera. No obstante, no proporciona protección alguna y, por ello, luego se aplica siempre un acabado transparente sobre la pieza teñida.

Los tintes modernos contienen, con frecuencia, pigmentos translúcidos que penetran en los poros de la madera y acentúan la veta. Las aplicaciones sucesivas de una tintura pigmentada oscurecen la madera en forma gradual, mientras que la aplicación de más de una mano de un tinte no pigmentado posee un efecto reducido sobre el color.

1 Tintes al aceite o al solvente
2 Tintes acrílicos
3 Alcohol desnaturalizado
4 Tintes al agua ya mezclados
5 Aguarrás mineral
6 Tintes al alcohol ya mezclados
7 Tintes al agua concentrados
8 Tintes al agua en polvo

Tintes al aceite o al solvente

La mayoría de los tintes penetrantes comercializados, fabricados a partir de tinturas solubles en aceite, se diluyen con aguarrás mineral.

Conocidos como tintes al aceite o al solvente, estas tinturas son sencillas de aplicar en forma pareja, no levantarán la veta y secarán relativamente rápido.

▲ Banqueta de haya laminada trabajada con varias tinturas de colores.

Tintes al alcohol

Los tintes al alcohol tradicionales se fabrican a través de la disolución de anilinas en alcohol desnaturalizado. La principal ventaja de los tintes al alcohol es su tiempo de secado sumamente rápido, lo que hace complicado obtener una capa pareja sin parches más oscuros de color superpuesto.

Tintes al agua

Se comercializan ya preparados para dar color a la madera. También es posible adquirirlos en forma de cristales o polvos para disolver en agua caliente, de forma de poder mezclar cualquier color deseado. Los tintes al agua son de secado lento, lo que brinda un tiempo prolongado para poder lograr una distribución pareja del color, pero es necesario esperar el tiempo adecuado para que el agua se evapore por completo antes de aplicar un acabado. También levantan la veta y dejan una superficie áspera, por ello es esencial humedecer la madera y lijarla antes de aplicarlos .

Tintes acrílicos

Los tintes al agua de última generación sobre la base de resinas acrílicas son emulsiones que dejan una película delgada de color sobre la superficie de la madera. Levantan menos la veta que los tintes al agua tradicionales y son más resistentes a la decoloración. Además de los colores semejantes a las maderas tradicionales, los tintes acrílicos se fabrican en una variedad de tonos pasteles; no obstante, puede resultar complicado predecir el color final producido por estos tintes de color pastel sobre maderas macizas oscuras.

DATOS ÚTILES

Compatibilidad

Es posible crear prácticamente cualquier color que se desee, mezclando tinturas o tintes para madera compatibles; y se puede reducir la intensidad de un color al agregar una mayor cantidad del solvente adecuado. De todos modos, es necesario no superponer un tinte penetrante, incluso uno ya seco, con un acabado de superficie que contenga un solvente similar. Al pasar un pincel o almohadilla por la superficie, el solvente puede reactivar el color y provocar un "exudado" sobre el acabado de superficie. Como norma básica, elija un tinte que no reaccione con el acabado que desea aplicar, o bien selle primero el tinte para evitar que el solvente actúe sobre el color. Siempre es conveniente probar el tinte y el acabado antes de aplicarlos sobre la pieza.

Aplicación de tintes penetrantes

Humedezca la superficie para tener una idea de cómo se verá una pieza en particular con un acabado transparente y si aún tiene dudas, aplique una cierta cantidad del acabado que desea utilizar. Si no le agrada la profundidad de color resultante, o si considera que no coincide de manera adecuada con otro trozo de madera en el que está trabajando, tome un pedazo de descarte de la misma madera y realice una muestra para probar un tinte antes de aplicarlo sobre la pieza. Esto le ahorrará problemas posteriores.

▲ Equipo para aplicar tintes y tinturas: pincel, almohadilla para pintar, paño suave, guantes de PVC.

FABRICACIÓN DE UNA MUESTRA

Antes de colorear una pieza real, haga una tira de prueba para ver de qué manera afectará el tinte a la madera que desea utilizar. Es importante que la tira de prueba se encuentre tan lijada como la pieza a teñir ya que la madera lijada en forma gruesa absorbe una mayor cantidad de tintura y por lo tanto, se oscurecerá más que el mismo trozo de madera lijado con un papel de lija más fino.

Aplique una mano de tinte y deje secar. Como norma general, los tintes se aclaran cuando se secan. Aplique una segunda mano para comprobar si oscurece la madera y deje parte de la primera aplicación expuesta a modo de comparación. Si se aplican más de dos manos completas de tinte, el color tendrá un aspecto manchado debido a la absorción despareja del líquido.

Una segunda mano de un tinte no pigmentado puede no modificar el color en forma evidente, pero es posible alterarlo al superponerlo con un tinte compatible de un color diferente.

Una vez que el tinte se encuentra totalmente seco, pinte una mitad de la muestra con el acabado elegido para apreciar cómo influye sobre el color del tinte.

Tira de prueba, con tinte no pigmentado.

Sin acabado

Con acabado transparente

Muestra con tinte pigmentado.

Sin acabado

Con acabado transparente

Técnicas de teñido y tinción

Preparación de una pieza para teñido

Lije bien la pieza (ver páginas 154 a 161) y asegúrese de que no existen marcas o defectos que puedan absorber más tinte que la madera circundante. Además, elimine con una escofina cualquier parche de adhesivo seco que pudiera afectar la absorción del tinte.

Aplicadores

Pueden utilizarse pinceles de buena calidad, almohadillas para pintar recubiertas con mohair, almohadillas no abrasivas para pulir (ver página 151) o un paño suave para aplicar tintes penetrantes. También es posible utilizar tinturas para madera en aerosol, si se cuenta con buena ventilación y las instalaciones de extracción adecuadas. Utilice guantes de PVC y ropa vieja o un delantal para aplicar tinturas para madera. Se necesita, además, una máscara facial.

Preparación para el teñido

Planifique la secuencia de trabajo de antemano para minimizar la posibilidad de que el tinte se extienda a superficies adyacentes o que una zona de color seque antes de que pueda "emparejar" los bordes húmedos. Si es necesario colorear ambos lados de una pieza, tiña primero el lado de menor importancia y seque de inmediato el tinte que pudiera extenderse más allá de los bordes.

TEÑIDO DE MADERAS BLANDAS

Es aconsejable aplicar un tinte sobre una madera blanda con una almohadilla de tela en lugar de con un pincel; la madera altamente absorbente tiende a recibir tinte extra de un pincel muy cargado con el primer contacto, lo que provoca así un parche de color más oscuro. Con frecuencia, los diferentes grados de absorción entre madera temprana y madera tardía le otorgan a la madera blanda un aspecto rayado característico. Con algunos colores, esto puede resultar muy atractivo, pero si esto no es lo que busca, intente colorear la madera con barniz con color o cera oscura para aliviar el problema.

▲ Madera blanda teñida con tinte penetrante (izquierda) y barniz con color (derecha).

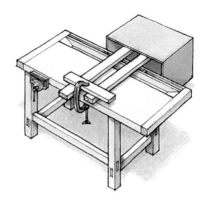

Teñido de grandes paneles

Si es posible, coloque la pieza de forma que la superficie a ser teñida se encuentre en posición horizontal. Apoye un panel o puerta de gran tamaño sobre un par de caballetes, para poder trabajar desde todos lados.

Producción por tandas

Algunas veces es conveniente teñir los componentes antes de ensamblarlos y dejarlos secar a un costado, mientras se completa la tanda.

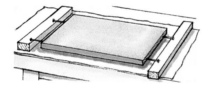

Para colorear una cantidad de estantes ajustables, por ejemplo, coloque un par de clavos o tornillos en cada extremo. Apoye cada estante sobre un banco, con los clavos o tornillos sobre los listones para elevar el estante de la superficie de trabajo. Una vez teñidos al mismo tiempo todos los lados, coloque el estante en posición vertical sobre el extremo contra una pared hasta que el tinte esté seco.

Apoyo de cajones y gabinetes

Después de teñir el interior de cajones o pequeños gabinetes, apóyelos a una altura cómoda para trabajar y complete la tarea con listones voladizos clavados o atornillados a un banco.

Teñido de una superficie plana

Vierta una cantidad de tinte suficiente para colorear la pieza completa en un plato poco profundo. Aplique el tinte sobre la madera con pincel o almohadilla en el sentido de la veta y empareje los bordes húmedos antes de que seque el tinte. Una vez cubierta la superficie, tome una almohadilla de tela limpia y retire el exceso de tinte, distribuyéndolo en forma pareja por la pieza. Si se utiliza un tinte en aerosol, emparéjelo con rapidez para evitar un aspecto manchado.

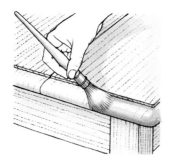

Se pueden teñir sectores enchapados o piezas de marquetería antes de encolarlos. Para asegurar un color parejo, introduzca restos de chapa en un recipiente con tintura para madera.

Teñido de la veta final

La veta final expuesta parece más oscura que el resto de la pieza ya que la orientación de las células le permite absorber una mayor cantidad de tinte penetrante. Pinte la veta final con una mano de goma laca blanca o sellador de lijado para reducir la cantidad de color absorbido por la madera. En forma alternativa, puede utilizar barniz diluido, pero debe esperar 24 horas antes de teñir la madera.

Teñido de varillas torneadas

Aplique el tinte con un paño o almohadilla de fieltro para pulir. Coloque bien la tintura en las canaletas y rebordes torneados, luego pase el aplicador por alrededor de la pata o varilla roscada y frote a lo largo.

Dado que el trabajo torneado muestra la veta final, es muy complicado obtener una cobertura pareja.

Teñido de chapas

Es posible tratar paneles enchapados modernos como madera maciza. No obstante, los muebles antiguos se enchaparon, sin duda, con cola de origen animal soluble en agua, y será conveniente utilizar una tinta al solvente o al alcohol para teñir dichos objetos.

Teñido de trabajos tallados

Utilice un pincel suave para aplicar un tinte penetrante sobre tallas o molduras complicadas y retire el exceso de tinte de inmediato con un paño o toalla de papel.

Modificación del color

Sin importar cuánta práctica se haya adquirido para juzgar colores y mezclar tinturas, llega, de manera inevitable, algún momento en que el tinte seco no se asemeja al color deseado. Si es demasiado oscuro, puede retirarse una cierta cantidad de tinte, pero no cometa el error de intentar modificar el color por medio de la aplicación de una capa de tintura sobre otra; esto sólo permitirá obtener colores saturados o una adherencia pobre del acabado. En cambio, agregue aguadas de acabado con tinte para modificar el color en forma progresiva. Esto puede efectuarse por medio de la aplicación de un barniz o cera de color.

Si una pieza teñida al solvente seca con un tono demasiado oscuro o veteado, humedezca la superficie con aguarrás mineral y frótela con una almohadilla abrasiva de nylon. Seque la superficie con un paño para realzar algunas de las vetas y distribuya el resto en forma pareja.

▲ Una manera de modificar el color de una pieza teñida consiste en aplicar un barniz con color.

REALCE DE MOLDURAS Y TALLAS

Es posible darle vida a una pieza con un color, para dar profundidad a las tallas y molduras complicadas. El proceso imita los efectos de un desgaste natural y se asemeja de manera considerable a los muebles antiguos o reproducidos y a los marcos para cuadros.

Iluminación

El método más sencillo consiste en quitar el color de los puntos más elevados mientras el tinte se encuentra húmedo. En forma alternativa, lije levemente estas áreas con una almohadilla abrasiva una vez que el tinte esté seco y retire el polvo con un paño humedecido con solvente.

Sombreado

Es posible dar profundidad a los diseños elevados más delicados con un tinte oscuro mezclado con goma laca diluida. Selle la superficie teñida y luego pinte libremente con goma laca de color las zonas talladas y molduras de la pieza, dejando que la goma laca se introduzca en grietas y rincones. Retire de inmediato el color de los puntos elevados con un paño suave y deje secar la goma laca antes de aplicar un acabado transparente.

▶ Barnices y lacas

Antes, ambos términos se utilizaban para describir acabados específicos. La laca era, en su mayoría, una capa transparente de secado rápido, mientras que un barniz convencional era una mezcla de resinas, aceite y solvente que secaba con menor rapidez.

Hoy en día, muchos acabados son tan complejos que ya no están comprendidos dentro de ninguna de estas categorías, pero los fabricantes continúan utilizando los términos familiares para no crear confusiones. En consecuencia, las denominaciones "laca" y "barniz" se volvieron intercambiables; para evitar una mayor confusión, los términos utilizados aquí son los que pueden encontrarse más comúnmente al adquirir acabados para madera.

La mayoría de los barnices y lacas presenta un acabado entre transparente y color ámbar, y están diseñados principalmente para proteger la madera y acentuar el diseño natural de la veta. También existen acabados modificados que contienen pigmentos o tinturas de color.

▼ El barniz poliuretánico transparente es un acabado resistente y atractivo para todas las superficies de madera de interior.

ACABADOS PARA MADERA

172

Aplicación de un barniz

No se requieren habilidades especiales para aplicar barnices acrílicos o al solvente. No obstante, algunos procedimientos básicos pueden contribuir a evitar algunas de las trampas menos obvias.

Barnizado de un panel plano

Apoye un panel de gran tamaño en posición horizontal sobre un par de caballetes para poder barnizar los extremos de forma más sencilla; existen pocos problemas con el acabado de una puerta con bisagras o un panel fijo, si se toman precauciones para que el barniz no se extienda.

1 Aplicación de una mano de sellador de barniz al aceite

Diluya el barniz al aceite, aproximadamente un 10 %, al aplicar una primera mano de sellador sobre la madera desnuda. Puede aplicarse con pincel, pero algunos carpinteros prefieren frotar la veta con un paño suave.

2 Aplicación de la primera mano

Deje secar la mano de sellador durante la noche, luego sujete el trabajo bajo una buena luz para inspeccionar la superficie barnizada. Frote levemente la madera en el sentido de la veta con un papel húmedo/seco fino humedecido con agua. Limpie la superficie con un paño humedecido con aguarrás mineral y séquela con una toalla de papel.

3 Aplicación del barniz con pinceladas intensas

Pinte con barniz toda la superficie de la madera, primero con pinceladas en el sentido de la veta y luego en forma transversal a la veta, para extender el acabado en forma pareja. Pincele siempre en dirección al área recién terminada para emparejar los bordes húmedos. Es conveniente trabajar con bastante rapidez ya que el barniz comienza a secar aproximadamente luego de 10 minutos, y volver a aplicar pinceladas tiende a dejar marcas

permanentes del pincel. Por último, trabaje en el sentido de la veta con movimientos delicados, sólo con las puntas de las cerdas, para obtener una superficie barnizada lisa. Al barnizar superficies verticales, trabaje con movimientos ascendentes del pincel. Dos manos intensas de barniz al aceite deberían ser suficientes. Para obtener un acabado perfecto, lije suavemente entre una mano y otra.

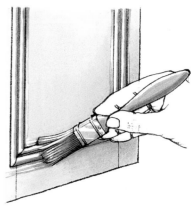

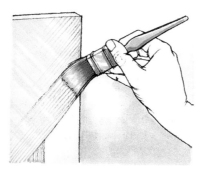

Barnizado de bordes
Al acercarse a los bordes de un panel, aplique pinceladas desde el centro hacia fuera. Si flexiona las cerdas hacia atrás contra las aristas agudas, el barniz goteará por los bordes.

Es preferible emparejar los bordes de una pieza a medida que se avanza con el trabajo, pero si se presentan complicaciones, intente barnizar primero los bordes de un panel y dejarlos secar. Una vez cubiertas las superficies planas, retire el excedente en los bordes con un paño.

Barnizado de molduras
La flexión del pincel a través de una moldura provoca, por lo general, un goteo de barniz que cae por la superficie. Para evitarlo, aplique

pinceladas sólo a lo largo de la moldura.

Una vez terminada una puerta con paneles, barnice primero las molduras y luego el panel, con pinceladas desde cada esquina y hacia al centro.

Acabado mate de un barniz brillante
Los barnices mate y satinados poseen superficies texturadas muy finas que sirven para dispersar la luz. Estos presentan un aspecto perfecto, pero puede lograrse una superficie suave al tacto sobre componentes, como

apoyabrazos de madera o la tapa de una mesa, lijando un barniz brillante hasta darle un acabado mate. Lije el barniz con lana de acero de graduación 000, humedecida con encáustico. Deje endurecer el encáustico y luego dé brillo con un paño suave para crear el acabado definitivo.

APLICACIÓN DE BARNIZ ACRÍLICO

Muchas de las técnicas utilizadas para aplicar un barniz al aceite poseen una importancia equivalente para la aplicación de un barniz acrílico. El propósito aún consiste en obtener una capa pareja y lisa, sin manchas o marcas de pincel, pero las propiedades químicas del barniz acrílico hacen que se comporte de modo diferente al barniz al aceite.

Características de elevación de la veta

Cuando una pieza de madera absorbe agua, sus fibras se hinchan y se levantan sobre la superficie. El barniz acrílico, al ser al agua, ejerce el mismo efecto y proporciona un acabado definitivo que dista de ser perfecto. La solución consiste, en humedecer primero la madera y lijarla suavemente antes de aplicar el barniz acrílico, o bien en lijar la primera mano de barniz con un papel húmedo/seco fino humedecido con agua antes de aplicar una nueva mano al trabajo (ver páginas 154 a 156). Retire el polvo con un paño humedecido con agua; un paño adherente puede dejar depósitos de aceite que arruinarán la siguiente mano de barniz acrílico.

Problemas de oxidación

La aplicación de cualquier acabado al agua sobre accesorios de hierro o acero no protegido, incluyendo tornillos para madera y clavos, provocará la oxidación de los mismos. Retire los accesorios de metal antes de barnizar el trabajo o bien protéjalos con una mano de goma laca descerada transparente.

No utilice lana de acero para lijar el barniz acrílico; las pequeñas astillas de metal que quedan atrapadas en la veta pueden oxidarse, lo que provocará manchas negras sobre la madera. Utilice lana de cobre o una almohadilla abrasiva de fibra de nylon (ver página 151).

Aplicación del barniz

El barniz acrílico debe aplicarse libremente primero con pincel en forma transversal a la veta y luego en forma pareja, tal como se describe en el caso de la aplicación de un barniz al aceite.

El barniz acrílico seca en sólo 20 a 30 minutos, por ello es necesario trabajar con rapidez, en especial en días de calor, para evitar dejar marcas permanentes de pincel sobre el acabado. Puede aplicarse una segunda mano una vez transcurridas dos horas. Un total de tres manos resulta suficiente para una protección máxima.

Aplicación de una laca de curado en frío

Se trata de un acabado muy diferente del barniz convencional. A pesar de que la aplicación de una laca de curado en frío ya no resulta complicada, es importante tener conocimiento de cómo el proceso de curado puede verse afectado por una preparación y procedimientos inadecuados.

Preparación de la laca en frío

Mezcle las cantidades recomendadas de endurecedor y laca en un frasco de vidrio o recipiente de polietileno. Los recipientes de metal y otros plásticos pueden reaccionar con el endurecedor y evitar que la laca proporcione el curado.

Una vez mezcladas, algunas lacas de curado en frío pueden utilizarse durante tres días. No obstante, puede extenderse este período a aproximadamente una semana si se cubre el frasco con polietileno, sujeto con una banda elástica. Este tipo de laca podrá conservarse incluso un mayor tiempo en un recipiente sellado, claramente marcado, en el refrigerador.

Cuidado de los pinceles

Una vez finalizada la polimerización, la laca de curado en frío se torna insoluble, por ello es necesario lavar los pinceles con un diluyente especial para laca, después de finalizado el trabajo.

Preparación de la superficie

Al igual que con cualquier acabado para madera, el trabajo debe encontrarse liso y limpio; retire cualquier rastro de cera que pueda impedir el curado de la laca.

Aplicación de la laca en frío

La ventilación es importante. Aplique la laca libremente con un pincel, con movimientos fluidos y emparejando los bordes húmedos a medida que se avanza con el trabajo. La laca estará seca al tacto en aproximadamente 15 minutos; aplique una segunda mano luego de una hora.

No hay necesidad de lijar entre mano y mano, salvo para corregir defectos. Si se utilizan abrasivos de estearato, limpie la superficie lijada con un diluyente especial para laca.

Modificación del acabado

Para obtener un acabado brillante, una vez seca, lije suavemente con papel húmedo/seco hasta que se torne mate. Utilice un paño húmedo con algún producto en crema para dar brillo y trabaje la superficie hasta que brille; luego, frote con un paño. Para un acabado satinado, lije con lana de acero de graduación 000 lubricada con encáustico.

Encáusticos

Algunos tradicionalistas recurren a la fabricación de encáusticos con ingredientes básicos, pero dado que existe una variedad tan amplia de excelentes productos para pulir ya disponibles, parece no tener sentido crearse una complicación en aquello que, de otra forma, constituye el procedimiento más simple de acabado para madera.

La mayoría de los encáusticos comercializados ya preparados son una combinación de cera de abeja relativamente blanda y cera de carnauba dura, reducida a una consistencia que puede utilizarse con esencia de trementina o aguarrás mineral.

Encáustico en pasta

Se comercializa como una pasta densa, envasada en latas de chatas o recipientes de latón. La cera en pasta, aplicada con una almohadilla de tela o lana de acero fina, puede utilizarse como complemento ideal de otro acabado.

Encáustico líquido

Cuando se desea encerar un gran panel de roble, por ejemplo, quizá es más sencillo aplicar con un pincel el encáustico líquido, que posee la consistencia de una crema.

Cera para pisos

La cera para pisos es una cera líquida formulada para superficies de alto tránsito. Por lo general, se comercializa sólo como cera transparente.

Barras para piezas torneadas

La cera de carnauba es el ingrediente principal de las barras que son lo suficientemente resistentes como para ser utilizadas como cera de fricción sobre piezas trabajadas con un torno.

▲ Un acabado tradicional a la cera proporciona una pátina delicada a una mesa y a un tocador de estilo georgiano.

▲ La cera de color aplicada con pincel realza el color de los muebles de pino.

▼ Mueble exhibidor de nogal trabajado con cera.

Ceras de color

Las ceras entre blanco y amarillo pálido no modifican demasiado el color de la madera, pero existe, además, una gran variedad de tonos más oscuros a los que en algunas ocasiones se hace referencia como ceras para teñir, que pueden utilizarse para modificar el color de una pieza y para disimular marcas y defectos menores. La cera entre marrón oscuro y negro es un acabado utilizado para muebles de roble; mejora la pátina de la madera vieja y, al introducirse en los poros abiertos, realza el diseño de la veta. Existen ceras de color marrón dorado, para convertir el pino negro en veteado, y ceras de color rojo anaranjado para enriquecer la caoba. La aplicación de una cera sobre otra crea tonalidades y tintes incluso más delicados.

No es una buena idea tratar sillas o bancos con ceras de colores oscuros ya que el calor del cuerpo puede ablandar la cera y manchar las prendas de vestir. Lo mismo ocurre con el acabado de los interiores de cajones; el contacto a largo plazo podría decolorar telas delicadas.

Siliconas

El aceite de silicona agregado a algunas ceras para facilitar su aplicación y pulido no aceptará la mayoría de los acabados de superficie en caso de que la pieza requiera un nuevo acabado en el futuro. Sellar la madera de antemano es un recaudo inteligente, pero la aplicación posterior de un removedor químico incluso puede permitir que el aceite de silicona penetre en los poros. Por lo tanto, deberá decidirse desde el comienzo, si es mejor o no dar el acabado a una pieza con encáustico libre de siliconas.

Aplicación de encáusticos

El acabado de la madera con un encáustico no podría ser más sencillo, ya que sólo requiere una aplicación cuidadosa y la suficiente energía como para dar brillo a la superficie. No obstante, al igual que con cualquier acabado para madera, la pieza debe lijarse suavemente y es necesario rellenar o reparar cualquier defecto antes de poder alcanzar un resultado satisfactorio. Limpie la superficie con aguarrás mineral para eliminar rastros de grasa y encáustico antiguo.

A pesar de que no es necesario rellenar la veta, siempre es mejor sellar el trabajo con dos manos de goma laca o sellador de lijado antes de aplicar el encáustico, en especial si la madera se coloreó con tinte al solvente. Lije las manos de sellador con un papel fino de carburo de silicio.

▲ Aplicación de cera en pasta encáustica.   ▲ Frotamiento con lana de acero.

Encáustico en pasta

Humedezca un paño con cera en pasta y aplique la primera mano, con movimientos circulares superpuestos para introducir la cera en las vetas. Cubra la superficie en forma pareja y luego termine el trabajo frotando en el sentido de la veta.

Después de transcurridos entre 15 y 20 minutos, utilice lana de acero de graduación 000 o una almohadilla abrasiva de nailon para aplicar más encáustico, esta vez, con movimientos a lo largo de la veta. Espere 24 horas para que se evapore el solvente.

Sobre un nuevo trabajo, aplique cuatro o cinco manos de cera en total y

---

CEPILLOS PARA APLICAR ENCÁUSTICO

Los especialistas en acabados para madera a veces utilizan un cepillo de cerdas para dar brillo a un encáustico endurecido. Puede utilizarse un cepillo para calzado limpio, pero quizá desee adquirir un cepillo con mango para muebles para alejar sus nudillos al dar brillo a esquinas y cavidades complicadas. Además, existen cepillos circulares que pueden adosarse al mandril de un taladro eléctrico; cuando utilice uno de ellos, aplique sólo una leve presión y efectúe movimientos transversales sobre la superficie pulida.

Cepillo para taladro

Cepillo de mano para encáustico

Cepillo para calzado

Cepillo para muebles

permita que cada mano se endurezca durante la noche.

Cuando la cera endurece bien, se puede dar brillo en forma enérgica con un paño suave. Algunos especialistas en el tema prefieren utilizar un cepillo para muebles ya que permite obtener un mejor brillo, en particular para trabajos tallados. Por último, frote todas las superficies pulidas con un paño limpio.

aproximadamente una hora a que el solvente se evapore.

Aplique una segunda mano de cera con una almohadilla de tela suave. Efectúe primero movimientos circulares y termine con movimientos paralelos a la veta. Una hora después, aplique, si es necesario, una tercera mano.

Espere a que el producto se endurezca, preferentemente durante toda una noche y luego dé brillo a la pieza en el sentido de la veta, con un paño suave y limpio.

Mantenimiento

El color y la pátina de un acabado a la cera mejoran si reciben un cuidado periódico. Seque de inmediato el agua derramada y limpie con frecuencia una superficie pulida para retirar el polvo que puede fijarse a la cera y decolorar el acabado. Si no es posible obtener un brillo satisfactorio con un paño suave, es tiempo de aplicar una nueva mano de cera. Un encáustico que se encuentra demasiado desgastado puede retirarse con aguarrás mineral cuando se pretende aplicar un nuevo acabado.

▲ Vierta una cantidad de encáustico en un recipiente pequeño y aplique con un pincel sobre la superficie.

Decante una cierta cantidad del producto en un plato hondo y aplíquelo libremente con un pincel sobre la madera, extendiendo la cera en la forma más pareja posible. Espere

APLICACIÓN DE UNA CERA

Si se desea lograr un acabado añejo típico de encáustico, pero se prefiere algo más resistente al desgaste, puede aplicarse una carga ligera de cera sobre barniz poliuretánico o laca de curado en frío.

Humedezca lana de acero de graduación 000 o una almohadilla abrasiva de nylon con encáustico en pasta y frote la superficie terminada con movimientos largos y rectos, en el sentido de la veta. Espere entre 15 y 20 minutos a que la cera endurezca, para luego pulir la superficie con un paño suave.

Acabados al aceite

El aceite permite obtener un acabado elegante en cualquier madera, en especial en el pino, que adquiere un color dorado como consecuencia de su aplicación.

Hoy en día, el **aceite de lino**, derivado de la planta de lino, no se utiliza demasiado para acabados de madera, principalmente porque puede demorar hasta tres días en secar. Los fabricantes redujeron este período de tiempo a 24 horas al calentar el aceite y agregar producto secante para obtener aceite de lino "cocido". No debe utilizarse ningún tipo de aceite para acabados de exterior.

El **aceite de tung**, también conocido como aceite de la China para madera, se obtiene de nueces cultivadas en la China y en regiones de América del Sur. Un acabado al aceite de tung es resistente al agua, al alcohol y al jugo ácido de fruta; demora 24 horas en secar y resulta adecuado para carpintería de exterior. Los aceites comercializados para acabado de madera sobre la base de aceite de tung incluyen resinas sintéticas para mejorar su duración.

El aceite de tung puro no es tóxico, pero algunos fabricantes le agregan productos secantes metálicos; por ello, no debe utilizarse para objetos que se encuentren en contacto con alimentos, a menos que las instrucciones del fabricante indiquen de manera específica que no hay riesgos al hacerlo. En forma alternativa, utilice aceite de oliva común o alguno de los aceites comestibles especiales que se venden, para aplicar acabados a recipientes para alimentos y tablas para picar.

El **aceite en gel** es una combinación de aceites naturales y resina sintética en forma de gel denso. Se comporta como un encáustico blando y puede aplicarse sobre la madera desnuda así como también sobre acabados existentes, como barnices y lacas.

▲ Escalera de pino con acabado de aceite en gel de alto tránsito.

Técnicas de acabado al aceite

Preparación de la superficie

Como es un acabado penetrante, no puede aplicarse sobre una pieza previamente tratada. Retire el acabado de superficie con un removedor químico. Para aplicar un acabado sobre una madera aceitada, utilice aguarrás mineral para retirar la cera antigua de la superficie. Prepare la madera desnuda en forma adecuada.

2 Aplicación adicional con una almohadilla

Transcurridas unas seis horas, utilice una almohadilla abrasiva de fibra de nylon para aplicar aceite sobre la madera en el sentido general de la veta. Retire el exceso de aceite de la superficie con una toalla de papel o almohadilla de tela y deje secar durante la noche. Aplique una tercera mano de la misma forma.

1 Aplicación sobre madera desnuda

Agite el recipiente antes de decantar una cantidad de aceite en un plato poco profundo. Aplique la primera mano con un pincel ancho para humedecer bien la superficie. Deje penetrar el aceite entre 10 y 15 minutos, y luego, para asegurarse de que la capa sea pareja, retire el exceso de aceite de la superficie con una almohadilla de tela suave.

3 Modificación del acabado

Deje secar bien la última mano y luego dé brillo a la superficie con un paño para obtener un lustre delicado.

Para lograr un acabado satinado suave, trabaje la carpintería de interior con encáustico, con una almohadilla abrasiva de nylon limpia o lana de acero fina.

PRECAUCIONES

Prevención contra incendios

Dado que el aceite se oxida y genera calor, esto puede provocar un incendio de los paños embebidos en aceite. Coloque los paños utilizados extendidos en el exterior para que puedan secarse bien o sumérjalos en un balde con agua durante la noche antes de deshacerse de ellos.

Aplicación en piezas torneadas

Después de lijar una pieza torneada, desconecte el torno mientras aplica el aceite sobre la madera. Déjelo penetrar por unos minutos, retire el exceso de aceite y luego vuelva a encender el

torno y dé brillo a la pieza con una almohadilla de tela sujeta contra la pieza que rota lentamente.

Aplicación de un aceite en gel

Aplique el aceite en gel sobre la madera desnuda con una almohadilla de tela suave y frote el acabado en forma enérgica en el sentido de la veta, hasta que la superficie se encuentre seca al tacto. Por lo general, dos manos son suficientes, pero es necesario aplicar una mayor cantidad sobre piezas sometidas a alto tránsito y recipientes calientes. Espere cuatro horas entre una mano y otra. Aplique en pequeña cantidad sobre un acabado existente.

Dado que el aceite en gel seca con un lustre suave, no hay necesidad de volver a dar brillo a la pieza.

DATOS ÚTILES

Errores y soluciones

La aplicación de aceite sobre madera es tan sencilla que el éxito se encuentra prácticamente garantizado si la pieza se preparó de manera adecuada y no se permite que el aceite se torne pegajoso.

Superficies pegajosas

Si se deja un exceso de aceite sobre la madera durante aproximadamente una hora, el aceite se espesa y se torna pegajoso. No intente retirar el aceite si se llega a esta etapa. En cambio, utilice una almohadilla abrasiva de nylon para aplicar una carga liviana de aceite nuevo para humedecer, una vez más, la superficie y luego retírelo con una almohadilla de tela o toalla de papel absorbente.

Anillos blancos

Los platos o recipientes calientes pueden dejar anillos blancos sobre una superficie trabajada al aceite. Estos defectos son, por lo general, temporarios y desaparecen por sí solos en poco tiempo.

¿Quiere saber más?

Pase al siguiente nivel...

Remítase a...
- **El color de la madera** -página 25
- **Maderas blandas del mundo** -págs 28 a 39
- **Maderas macizas del mundo** -págs 40 a 66

Otras fuentes
- **Cursos de capacitación**
Desarrolle sus habilidades de carpintería con un curso que otorgue algún título. Contacte a alguna universidad de la zona o consulte a través de Internet.

▶ Glosario

Accesorios prefabricados: dispositivos mecánicos para unir componentes, en especial aquellos que deban ser desmontados en un futuro.

Adhesión: método para adherir el abrasivo al reverso del papel o tela de los materiales utilizados para lijar madera.

Afilar: producir el borde cortante definitivo de una hoja o cortante por frotamiento con una piedra abrasiva o sobre la misma.

Aglomerado: tablero sintético de construcción compuesto por partículas comprimidas de madera y adhesivo.

Ahuecamiento: la flexión de un trozo de madera en forma transversal al ancho a causa del encogimiento.

Aislación doble: una herramienta eléctrica con un revestimiento de plástico no conductor que protege al usuario contra un choque eléctrico se describe como "con aislación doble".

Albura: madera nueva que rodea el duramen, de mayor densidad.

Alimentar: empujar una pieza de forma controlada en dirección a una hoja o cortante en movimiento.

Almohadilla: paño acolchonado utilizado para aplicar un producto para pulir, un tinte o un barniz.

Arco: parte de una línea curva constante como la trazada por un compás.

Arista: borde agudo donde se encuentran dos superficies en ángulo.

Arqueamiento: curvado a lo largo de un trozo de madera a causa del encogimiento.

Asentar con correa: afilar un borde cortante hasta que adquiera el filo de una navaja al trabajarlo sobre una correa de cuero; o la correa de cuero misma.

Bandas: fajas lisas o con diseño de chapa de madera utilizadas para bordes decorativos.

Barniz marino: barniz de exteriores que resulta adecuado, en especial, para climas costeros.

Bisel: una superficie que se encuentra con otra en un ángulo distinto a uno recto.

Borde frontal: superficie cepillada en línea recta con la cara a partir de la cual pueden medirse otras dimensiones y ángulos.

Calibrado: trazado con una o más escalas de medición.

Capa cerrada: término utilizado para describir papel de lija que posee partículas abrasivas dispuestas unas cerca de otras.

Carpintero: aquella persona especializada en la fabricación de componentes de construcción, como ventanas, puertas y escaleras.

Catalizador: sustancia que estimula o aumenta la velocidad de reacción química.

Cementado: término utilizado para describir el secado desparejo de la madera con un contenido de humedad que varía en el grosor.

Centro: capa central de chapas, partículas o fajas de madera de un tablero sintético.

Cepillado total (PAR): madera preparada comercialmente, cepillada para obtener una superficie suave sobre ambos lados y ambos bordes.

Cepillar en línea recta: cepillar con precisión, con un cepillo finamente ajustado.

Chaflán: un bisel de 45 grados a lo largo del borde de un trozo de madera, tabla o panel; o corte de dicho bisel.

Chapa: un corte delgado de madera utilizado para cubrir una superficie; por lo general sobre un material menos costoso, como una tabla sintética.

Chapa de madera para frentes: chapa de madera de alta calidad utilizada para cubrir las superficies visibles de una pieza.

Contrachapado: fajas de chapa de madera cortadas en forma transversal a la veta y utilizadas para decorar.

Corte plano: expresión que describe una lámina delgada de chapa de madera cortada de una parte de un tronco.

Corte tangente: expresión utilizada para describir una chapa de madera cortada de un tronco, en forma tangente, que permite obtener diseños de veta curvada u ovalada.

Cubrecanto: forma convexa redondeada, realizada con un torno; o faja delgada y moldeada de madera, también conocida como moldura.

Curado: fijación por medio de reacción química.

Defecto: anormalidad o irregularidad que disminuye las propiedades y el valor de la madera.

Descarte: madera de desperdicio cortada de una pieza.

Dibujo: otro término para hacer referencia al diseño de la veta.

Diluyente: sustancia utilizada para reducir la consistencia de una pintura, un barniz o un producto para pulir.

Dimensiones nominales: anchos y grosores estandarizados de madera recién serrada de un tronco.

Duramen: madera madura que forma la columna vertebral de un árbol.

Eje: línea imaginaria que establece la simetría de un objeto, como el travesaño de una silla.

Elevación lateral: dibujo en escala que muestra la vista lateral de una pieza.

Embutir: insertar trozos de madera o metal en cavidades preparadas de forma que el material se encuentre a nivel de las superficies circundantes.

Emparejar: eliminar las virutas finas con un formón.

Encastre: cavidad cortada en la madera para introducir una lengüeta o espiga coincidente.

Enrollamiento: una tabla abarquillada o retorcida se denomina, algunas veces como "enrollada".

Entallado: dar forma delicada a un trabajo tallado.

Entalladura: ranura cortada por una sierra.

Esgucio: una moldura cóncava a lo largo del borde de una pieza; u otro término para cuarta caña.

Espiga: lengüeta saliente en el extremo de una pieza de madera que calza en un encastre correspondiente.

Espiga guía: proyección cilíndrica corta de un componente diseñada para ser introducida en un orificio de otro componente.

Estría: ranura cóncava redondeada.

Figura de rizos: el diseño de la veta de la madera cortada desde la horqueta donde una rama se une al tronco de un árbol.

Figura rizada: ver veta rizada.

Forzar: distorsionar un marco o estructura por aplicación de presión lateral.

Frente: superficie cepillada y lisa a partir de la cual se miden todas las demás dimensiones y ángulos.

Gema: borde natural ondulado de un entablonado (algunas veces aún recubierto de corteza de árbol).

Goma laca: secreción del insecto laca, utilizada para fabricar el pulido francés.

Grado de soporte: categoría de chapas de madera más económicas adheridas a la parte posterior de una tabla para equilibrar chapas de madera de mayor calidad adheridas al frente.

Grietas: separaciones de la madera provocadas por un secado disparejo.

Hendiduras: formas cóncavas trabajadas con un torno.

Inglete: junta formada entre dos piezas de madera al cortar biseles en el mismo ángulo (por lo general de 45 grados) en el extremo de ambas piezas; o cortar dicha junta.

Inglete compuesto: inglete en ángulo en dos planos.

Laminado o laminar: componente fabricado con fajas delgadas de madera adheridas unas con otras; o adherir fajas de madera para formar un componente.

Lengüeta: saliente cortada a los largo del borde de una tabla que calza en una ranura correspondiente de otra tabla.

Limado a lima transversal: alisado del metal en forma transversal con una lima, con los dientes en leve ángulo con la superficie que se alisa.

Listón: faja de madera.

Madera aserrada: madera preparada, cortada en tamaños estándar.

Madera blanda: madera cortada de coníferas que pertenecen al grupo botánico de las gimnospermas.

Madera de veta abierta: madera de anillos con grandes poros. También se la denomina madera de textura gruesa.

Madera desbastada: otra expresión para hacer referencia a la madera de corte comercializada.

Madera limpia: madera de buena calidad, libre de defectos.

Madera maciza: madera cortada de árboles de hojas anchas que pertenecen al grupo botánico de las angiospermas.

Madera serrada en forma radial: otro término para hacer referencia al serrado en cuartos.

Madera tardía: parte del anillo de crecimiento anual de un árbol que se desarrolla hacia fines de la estación de crecimiento.

Madera temprana: parte de los anillos de crecimiento anual de un árbol, que se desarrolla a principios de la estación de crecimiento.

Madera terciada: tabla fabricada a través de la adhesión de una cantidad de chapas de madera bajo presión.

Madera verde: madera recién cortada que no fue secada.

Magullar: abollar la madera al golpearla con un objeto duro como un martillo.

Marcado: trazado de una pieza de madera con un gramil simple, un gramil doble o un gramil de cuchilla.

Marquetería: proceso de disposición de trozos de chapa de madera para crear diseños o figuras decorativas. Ver también parquetería.

Montante batiente: miembro lateral vertical de una puerta de marco y panel.

Montante: miembro vertical central de una puerta con marco y panel.

Muesca: otro término para hacer referencia a un rebaje.

Orificio piloto: orificio de diámetro pequeño taladrado antes de la inserción de un tornillo para madera que actúa como guía para la rosca.

Oxidar: formar una capa de óxido de metal, al igual que la herrumbre.

Papel de lija: expresión genérica para los papeles abrasivos utilizados para alisar la madera.

Parquetería: proceso similar al de marquetería, pero con chapas de madera cortadas en formas geométricas para crear diseños decorativos.

Pátina: color y textura que adquiere un material como el metal o la madera, como resultado del envejecimiento natural.

Placas: láminas de madera o metal utilizadas para presionar sobre chapas de madera.

Plantilla para taladrar: dispositivo utilizado para sujetar una pieza o herramienta para poder repetir una operación en forma precisa.

Plantilla: diseño cortado utilizado para dar forma a una pieza con precisión.

Rabo: extremo en punta de un formón o lima que se inserta dentro del mango.

Ranura o ranurar: canal angosto y largo cortado en el sentido de la veta; o cortar un canal.

Rebaba: crecimiento verrugoso del tronco de un árbol; cuando se corta, produce chapas de madera con rebabas moteadas; o un fleje sumamente delgado de metal que se deja a lo largo del borde cortante de una hoja luego del afilado.

Rebaje o rebajar: cavidad escalonada a lo largo del borde de una pieza que por lo general forma parte de una junta; o cortar una cavidad tal.

Rectificar o rectificación: cortar un orificio que permita que la cabeza de un perno o tornillo se encuentre por debajo de la superficie de un trozo de madera; o el orificio mismo.

Salida: parte de la mesa de trabajo de una máquina detrás de la hoja o del cortante.

Secado al aire: método para secar madera por el cual pilas cubiertas de madera serrada se secan naturalmente al aire libre.

Secado en horno: método para secar madera que utiliza una combinación de aire caliente y vapor.

Secar: reducir el contenido de humedad de la madera.

Sección: dibujo que muestra una vista de una pieza como si se encontrara cortada en forma transversal.

Sellador para nudos: sellador a base de goma laca utilizado para cubrir nudos resinosos que pueden manchar los acabados posteriores.

Serrado: término utilizado para describir un trozo de madera con anillos de crecimiento que se enfrentan a las caras de la tabla en ángulos menores que 45 grados.

Serrado en cuartos: expresión utilizada para describir un trozo de madera con anillos de crecimiento en ángulos de no menos de 45 grados con los frentes de la tabla.

Serrado plano: otra expresión para hacer referencia al serrado tangencial.

Serrar: cortar en forma paralela a la veta.

Sostén: crecimiento triangular de la base del tronco de un árbol. El sostén proporciona una mayor estabilidad al árbol.

Tabla laminada: tabla sintética de construcción con un centro de fajas angostas de madera adheridas unas con otras y que forma un sándwich entre láminas delgadas de madera terciada. Ver también tablero alistonado.

Tablero alistonado: tablero sintético para construcción con un centro de fajas de madera maciza de sección aproximadamente recta que forma un sándwich entre láminas delgadas de madera terciada. Ver también laminados.

Tableros de fibra de madera prensada: variedad de tableros de construcción fabricados con fibras de madera reconstituidas.

Tableros de partículas: tableros de construcción fabricados con pequeñas astillas o virutas de madera adheridas por presión.

Tablilla: faja angosta de madera.

Taladrar: efectuar un orificio con un taladro.

Tallar: marcar con una herramienta con punta; o marcar y dar forma al borde de una pieza de manera que calce perfectamente contra otra superficie, como una pared o cielorraso.

Textura gruesa: ver "veta abierta".

Tope: faja de madera contra la cual descansa la parte frontal de una puerta o cajón cuando se cierra.

Trabajo de fijación: ranura cortada en forma transversal a la veta.

Traspaso: salida de un cortante o broca para taladro a través de la base o parte posterior de una pieza.

Travesaño superior: el travesaño más alto del respaldo de una silla.

Trinquete: dispositivo que permite el movimiento en una única dirección.

Tronzar: serrar en forma transversal a la veta.

Troza desbastada: trozo de madera cortado en bruto al tamaño requerido, listo para ser trabajado en un torno.

Uña dividida: parte trasera separada de un martillo utilizada para sujetar un clavo por la cabeza y retirarlo de un trozo de madera o de una tabla.

Valla: guía ajustable que mantiene el borde cortante de una herramienta a una distancia fija del borde de una pieza.

Varilla roscada: longitud torneada de madera, como la pata de una silla o baranda.

Veta: sentido o disposición general de los materiales fibrosos de la madera.

Veta corta: diseño de la veta donde el sentido general de las fibras se presenta en forma transversal a una sección angosta de madera.

Veta entrelazada: bandas de anillos de crecimiento anual con veta en espiral alternada hacia la derecha y hacia la izquierda.

Veta final: superficie expuesta de la madera luego de efectuar un corte en forma transversal a las fibras.

Veta irregular: veta que cambia de sentido, lo que hace que la madera sea difícil de trabajar.

Veta larga: veta alineada con el eje principal de una pieza. Ver también veta corta.

Veta ondulada: diseño de la veta de la madera con forma de ondas parejas que presenta una estructura celular ondulada.

Veta recta: veta alineada con el eje principal de un árbol o trozo de madera.

Veta rizada: veta de la madera que presenta un diseño ondulado irregular.

Veta transversal: veta que se desvía del eje principal de una pieza o árbol.

Vibración: ruido provocado por el movimiento de una pieza.

Virola: manguito cónico con dos o más segmentos que sujeta el mango de un cortante o broca de taladro.

Índice temático

Abrasivos 151
 adhesión 153
 aditivos 153
  estearato 153
  óxido de aluminio 151-2
 almohadillas con reverso de gomaespuma 151
 almohadillas de fieltro 151
 almohadillas de gomaespuma flexible 151
 bandas con reverso de velour 151
 carburo de silicio 151-2
 hojas de papel de lija o tela 151
 lijas tela corrugadas 151
 polvo de granate 151-2
 reverso 152-3
 rollos con reverso de papel o tela 151
 vidrio granulado 151-2
Acabados al aceite 18, 181-3
 aceite de lino 181
 aceite de tung o aceite de la China 181
 aceite en gel 181, 183
 prevención contra incendios 182
 técnicas de acabado al aceite 182-3
Adhesivos para carpintería 113-5
Árboles 16-66
 albura 19-20
 Angiospermas 16, 40
 anillos de crecimiento anual 19-20
 cámbium 19
 células cambiales 19
 células radiales (o células medulares) 19-20
 corteza 19
 crecimiento 19-20
 duramen 19-20
 espermatofita 16
 estomas 16
 floema 19
 fotosíntesis 16-17
 gimnospermas 16, 28
 madera tardía 20-1, 22
 madera temprana 20-22
 maderas "con poros difusos" 22
 maderas macizas "con anillos porosos" 22
 médula 19

 traqueidas 18
 tronco 16, 17
Bancos de trabajo 11, 12
Barnices y lacas 172-6
 barniz acrílico 175
 barniz al aceite 173
 barniz brillante 174
 barniz poliuretánico transparente 172
 barniz, aplicación de 173
 laca de curado en frío 176
Barra automática 12
Blanqueado de madera 164
 ácido oxálico 164
 álcali 164
 peróxido de nitrógeno 164
 precauciones 164
 solución de ácido acético 164
Caballetes 88
Carpintería 8
Cera 18, 177, 180
Clavijas de ajuste 12
Cómo apoyar el trabajo 88
Cómo equipar un taller, 10
 almacenamiento del banco 12
 banco de trabajo 12
 banco plegable 12
 estanterías de pie 13
 iluminación 10
 kit de primeros auxilios 10
 racks para herramientas 10, 13
 recipiente para recortes de madera 10
 recipiente para residuos 10
 seguridad 10
 tomacorrientes 10
Ebanistería 8
Encáusticos 177-80
 aplicación 179
 cepillos para encáustico 179
 barras para piezas torneadas 177
 cera 180
 cera para pisos 177
 ceras de color 177
 encáustico en pasta 177
 encáustico líquido 177, 180
 pinceles siliconas 178
Entalladura 87, 89

Grapa de banco, realización de una 119
Juntas, juntas inglesas 116-129
 accesorios prefabricados 144-5
 casquillos para tornillos 144
 juntas de bloque 144
 tuerca cilíndrica y perno 145
 ajuste de juntas para adhesión 142-3
 ensambles en cola de milano 140-1
 espigas 124
 junta a tope 118
 junta a tope con extremos rectos 118
 junta a tope de canto 121
 junta a tope de inglete 119-20
 junta de canto con espiga 125
 junta de lengüeta 121
 junta de lengüeta suelta 122
 junta de rebaje y lengüeta 121-2
 junta en T 126
 junta en T a media madera 134-6
 junta inglesa de esquina 127
 junta inglesa de inglete 128
 junta inglesa en T 129
 juntas a tope para una estructura 126
 juntas biseladas 123
 juntas de canto 121-2
 juntas de encastre y espiga 138-9
 juntas de espiga 124
 juntas de solapa 123
 plantilla, fabricación de 137
 plantilla para taladrar 126
 realización 116-45
 trabajos de fijación 130
 ensamble en cola de milano para fijación 131, 137
 junta con tope para fijación 132
 junta de fijación pasante 130
 junta descubierta para fijación 133

Lijado a mano 154-6
  corte del papel de lija
  154
  tacos de lija 154
  técnicas de lijado 155-6
Lijado eléctrico 157-161
  bandas para lijar 157
  hojas para lijar 158-9
  lijadoras de banda 157
  lijadoras de banda fija
  158
  lijadoras de disco 160
  lijadoras de mango
  flexible 160-1
  lijadoras de mano 158
  lijadoras inalámbricas
  160
  lijadoras montadas en un
  banco 161
  lijadoras rotorbitales 158-9
  lijadoras rotorbitales
  aleatorias 160
  perforación del papel de
  lija 159
  protección contra el
  polvo 161
    extractores de polvo
    161
    máscaras faciales y
    cascos 161
    respirador a batería
    161
Madera,
  acabado 146-83
  aglomerado 72
  clasificación 26
  color de 25
  compra de 26
  cortada en forma radial
  21
  cortada tangencialmente
  21
  defectos 27
  dibujo 21
  durabilidad 22
  elección de 26-27
  fibra de madera
  prensada 70
  fibra de madera
  prensada de densidad
  media (MDF) 71
  identificación 18
  laminados 69
  madera terciada 67-8
    maderas terciadas de
    exterior (EXT) 68
    maderas terciadas de
    interior (INT) 68
  maderas blandas
  cultivadas 28
  maderas blandas del
  mundo 28-39
    abeto de Douglas 37
    abeto plateado 30

abeto rojo 34
alerce 33
cedro del Líbano 32
ciprés de Nootka 32
picea de Sitka 34
pino australiano 31
pino blanco de Idaho
35
pino canadiense 36
pino de Kauri 30
pino gigante 35
pino Paraná 31
pino ponderosa 36
pino silvestre 37
rimu 33
secuoya de hoja
perenne 38
tejo 38
tsuga del Oeste 39
tuya gigante 39
maderas macizas del
mundo 40-66
  abebay 50
  abedul amarillo 43
  abedul de papel 44
  afrormosia 58
  aliso rojo 42
  arce plateado 42
  arce rojo 41
  balsa 57
  boj 44
  bubinga 54
  caoba 63
  castaño común 46
  castaño de Australia
  46
  cerezo negro 60
  cocobolo 48
  ébano 49
  fresno 53
  fresno blanco 52
  haya 52
  haya americana 51
  jacarandá violeta 47
  jarrah 51
  jelutong 49
  laúan rojo 63
  leño de raso 47
  lignum vitae 54
  nogal 56
  nogal blanco 55
  nogal de Queensland
  50
  nogal negro 56
  nogal
  pecanero/pacana 45
  obeche 65
  olmo americano 66
  olmo holandés y olmo
  común 66
  padouk 60
  palisandro de la India
  48
  palo de Brasil 55

palo morado 58
plátano 59
ramín 53
roble albar 62
roble blanco
americano 61
roble japonés 61
roble rojo americano
62
roble sedoso 45
sicómoro americano
59
sicómoro europeo 41
teca 64
tilo americano 64
tilo común 65
tulipero de Virginia 57
urunday 43
moteada 23
orígenes de 16-18
propiedades de 21-22
tablas sintéticas, trabajo
con 73
tableros alistonados 69
tableros de partículas 72
tableros macizos 70
tableros serrados
tangencialmente 21
texturas y diseños 22-4
tipos de 14-75
trabajo con 22
  cepillado 22
  textura 22
veta 21
Marcos de extremo de
  encastre y espiga 11
Marcos para embarcaciones
  23
Marquetería 8
Mediciones, imperial y
  métrica 26
Médula 19
Mordazas de torno de banco
  12
Parte superior de una mesa
  11
Rellenado 148-50
  conservación de la
  masilla 149
  de grietas y orificios 148-
  50
  espátula flexible 148
  lápices de retoque de
  cera 148, 150
  lápices de retoque de
  goma laca 148, 150
  masilla para madera 148
  producto de relleno de
  celulosa 148
  soldador eléctrico 148
Rellenado y sellado de la
  veta 163
  producto de relleno para
  vetas ya mezclado 163

sellador de lijado 163
Tallado 8
Taller, higiene y seguridad 9
antiparras 9
gafas 9
máscara facial 9
protectores auditivos 9
respirador 9
Talleres, almacenamiento 13
Talleres, creación de 9-10
Técnicas de medición 78
Técnicas de serrado,
corte al hilo 88
tronzado 88
Técnicas y herramientas 74-115
afilado 101-4
cepillos 95-100
cepillo combinado 96
cepillo de bloque 95
cepillo de madera 98
cepillo de modular 96
cepillo para alisar 95
cepillo para márgenes 96
cepillo pequeño para márgenes 96
cepillo ranurador 96
cepillos de banco, cómo desmontar y ajustar 97-8
mantenimiento 99
garlopa 95
guillame rebajador 95-6
horquilla 97-8
uso de 100
destornillador acodado 111
destornillador punta Phillips 111
destornilladores 111
embutidor de clavos 93
escoplos, formones y gubias 94
escoplo de borde biselado y hoja delgada 94
escoplo de carpintería 94
formón de mano 94
formón para encastres 94
gubia 94
gubia cañón 94
gubia de media caña 94
escuadras 79-80
gramiles simples 81-3
gramil de cuchilla 81
gramil doble 81

gramil para bordes curvos 82
gramil para paneles 82
grapas de carpintería 112
herramientas mecánicas 107
lijadoras rotorbitales 158
mangos de sierras 86
martillos y mazos 93
martillo bolita 93
martillo de galponero o de carpintero 93
martillo para espigas 93
mazo de carpintero 93
reglas y cintas métricas 76-8
cinta métrica 77
nivel de agua 77
regla 77
regla de acero 76
regla plegable de cuatro cuerpos 76
reglas con gancho 77
serrucho largo 84
serrucho universal 85
serruchos de costilla 89
serrucho de ebanista para colas de milano 89
serrucho para colas de milano 89
serrucho recto para colas de milano 89
sierra de vaina 89
serrucho de tronzar 84-5
sierra con dientes alternados 85
sierra de bastidor 85
sierra para paneles 84-5
sierras de corte curvo 90-2
reemplazo de hojas 92
serrucho de punta 90
serrucho de punta sin marco 90
sierra de arco 90
sierra de calar 90
sierra de marquetería 90
uso de 91
sierras de mano 84-8
cuidado de 86
uso de 87
sierras, reemplazo de las hojas 92
taladros de mano y

berbiquíes 105-6
berbiquí, taladrado uso 106
berbiquíes de trinquete 105
brocas para taladro 106
taladros eléctricos 107-10
brocas 109-10
capacidad de mandril 109
contramarcha 108
mandriles de taladro 107
mandriles sin llave 107
precauciones 107
selector de velocidad 108
taladros eléctricos 107
taladros inalámbricos 108
tamaño de motor 107
tamaño del aro 108
tamaños de los dientes de una sierra 86
tensor de cinta 143
Tintes y tinturas 165-71
aguarrás mineral 165-6
alcohol desnaturalizado 165-6
equipo de aplicación 167-8
modificación del color 171
realce de molduras y tallas 171
técnicas de teñido y tinción 168-71
teñido de chapas 170
tintes acrílicos 165-6
tintes al aceite o al solvente 165-6
tintes al agua concentrados 165-6
tintes al agua en polvo 165-6
tintes al alcohol ya mezclados 165-6
tintes penetrantes, aplicación de 167
Topes de banco 12
Tornería 8
Tornos de banco de carpintería 12
grapa 12
tornos de banco de estilo continental 12
Uso de escofinas para rasquetear madera 162

Otros libros de interés
de la Editorial Albatros

**PINTURA COUNTRY SOBRE
PEQUEÑOS OBJETOS**
María E. Rossi - Adriana Santin
128 páginas color

ARREGLOS PARA EL HOGAR
Deanna Campbell
208 páginas color

HÁGALO USTED MISMO
Corina Noguera
160 páginas color

**RECICLADO DE MUEBLES Y
OBJETOS**
Nora Menzel - Matilde Asenzo
128 páginas color

Tabla de equivalencias

1 metro (m)	=	39,37 pulgadas (pulg)
1 centímetro (cm)	=	0,01 m = 10 mm = 0,3937 pulgadas (pulg)
1 milímetro (mm)	=	0,001 m
1 pulgada (pulg)	=	0,0254 m